"十一五"国家重点图书
中国气象局科普项目资助
农村气象防灾减灾科普系列丛书

气象与交通事故及防御

姚永明 姚 雷 吴 凯◎等 编著

气象出版社
China Meteorological Press

内容简介

本书从防御交通事故的角度出发,介绍气象对航空、航海、管道及陆地交通安全事故影响及造成的事故原因、特点及危害,以"交通安全气象台"及气象显示屏预报等服务方式为城市和农村道路提出了防御措施,宣传提高全民的交通安全意识,发掘防御交通事故潜在规律,采取科学的综合防御方法,杜绝重特大交通安全事故,以达到避免或减少交通安全事故,减少人员伤亡和经济损失的目的。

图书在版编目(CIP)数据

气象与交通事故及防御 / 姚永明,姚雷,吴凯等编著.
北京:气象出版社,2012.9(2015.1 重印)
"十一五"国家重点图书. 中国气象局科普项目资助
ISBN 978-7-5029-5584-7

Ⅰ. ①气… Ⅱ. ①姚… ②姚… ③吴… Ⅲ. ①气象-影响-交通事故-事故预防 Ⅳ. ①U491.3

中国版本图书馆 CIP 数据核字(2012)第 235768 号

出版发行:	气象出版社
地　　址:	北京市海淀区中关村南大街 46 号
邮政编码:	100081
网　　址:	http://www.qxcbs.com
E-mail:	qxcbs@cma.gov.cn
电　　话:	总编室 010－68407112,发行部 010－68409198
策划编辑:	崔晓军　王元庆
责任编辑:	崔晓军　姜昊
终　　审:	汪勤模
封面设计:	博雅思企划
责任技编:	吴庭芳
责任校对:	石仁
印刷者:	北京中新伟业印刷有限公司
开　　本:	787 mm×1 092 mm　1/32
印　　张:	3.25
字　　数:	73 千字
版　　次:	2012 年 9 月第 1 版
印　　次:	2015 年 1 月第 2 次印刷
印　　数:	2 001～7 000
定　　价:	9.00 元

本书如存在文字不清、漏印以及缺页、倒页、脱页等,请与本社发行部联系调换

《农村气象防灾减灾科普系列丛书》
编委会

主 编：沈晓农

副主编：李 慧 王春乙 刘燕辉

编 委（以姓氏笔画为序）：

　　　　王元庆　王存忠　刘文泉

　　　　成秀虎　吴建忠　张　斌

　　　　陈　烨　林方曜　崔晓军

本书编委会

主　任：赵三立　胡　亮
副主任：丁言杰　黄思敏
主　编：
　　姚永明（淮北市专业气象台）
　　姚　雷（铜陵市气象台）
　　吴　凯（淮北市交警设施大队）
其他编写人员：
　　张信鹏（淮北市交通局）
　　朱建军（淮北市交警支队）
　　陈　辉（淮北市运输管理处）
　　单　勇（淮北市气象学会）
　　周江源（淮北市科协科技普及部）
　　周美林（淮北市交警支队交通事故预防指导科）
　　马致华（淮北市气象信息中心）
　　陈玉琪（淮北市气象科技服务中心）

序

我国是世界上气象灾害最严重的国家之一。据统计，每年因各种气象灾害造成的农作物受灾面积达5 000多万公顷，经济损失超过2 000亿元。随着全球气候持续变暖，我国农业生产面临着更大的自然风险。

农业、农村、农民问题关系党和国家事业发展全局。党中央、国务院历来高度重视气象为"三农"服务工作。2008年中央一号文件明确要求，要充分发挥气象为农业生产服务的职能和作用，加强农业防灾减灾体系的建设和农业应对气候变化的能力建设。胡锦涛总书记在2008年6月的"两院"院士大会上强调，要将灾害预防等科技知识纳入国民教育，纳入文化、科技、卫生"三下乡"活动，纳入全社会科普活动，提高全民防灾意识、知识水平和避险自救能力。党的十七届三中全会又进一步强调要加强农村防灾减灾能力建设，并明确提出，要加强灾害性天气监测预警，宣传普及防灾减灾知识，提高灾害处置能力和农民避灾自救能力，开发气象预报预测和灾害预警技术，开发利用风能和太阳能，加强农业公共服务能力建设等。

多年来，气象部门始终坚持把为农业服务作为气象工作的重要任务，努力为农村防灾减灾、粮食增产、农民增收、农业增效等方面提供气象保障服务，并动员全部门力量，积极联合各部门组织开展面向农村和农民的气象科普活动，取得了初步成效。2008年11月，《中国气象局关于贯彻落实〈中共中央关于推进农村改革发展若干重大问题的决定〉的指导意见》明确提出了在农村开展宣传普及气象科技和气象灾害防御知识的任务,要求"建设农村气象科普教育基地,促进农村气象科技和气象灾害防御知识的宣传普及,提高农村气象科普宣传的力度、广度和深度,积极推动农村气象防灾减灾知识和技能的宣传教育下乡、进村、入户,提高农民气象灾害防御意识和避灾自救能力"。中国气象学会和气象出版社组织气象科普专家编写的《农村气象防灾减灾科普系列丛书》,针对我国现代农业、农村、农民的特点,从气象与农村生产、生活的关系及影响出发,面向农民群众普及各类气象灾害常识和防御要点,针对性强、通俗易懂。该丛书将通过"农家书屋"工程等渠道向全国发放。

面对农业生产和农村改革发展的新形势和新要求,气象部门一定要进一步增强农村气象防灾减灾和农业应对气候变化的能力,大力加强农村公共气象服务体系建设,充分发挥气象为农村改革发展服务的作用,大力推动面向农村和农民的气象科普活动,努力增强广大农民群众气象防灾减灾、应对气候变化的科学意识和素质,为推动农村改革发展作出新的更大的贡献。

中国气象局局长

2008 年 11 月于北京

前 言

随着我国交通事业的飞速发展,交通事故的发生率呈上升趋势。交通事故不仅造成大量的人员(特别是农村人口、进城农民工以及城市个体劳动者)伤亡,给无数家庭带来不幸,而且严重影响经济发展和社会稳定,已引起了各级政府的高度重视和关注。

世界各国尤其是发达国家都对交通事故预防及对策倾注了大量的人力、物力和财力,制定了较为完善的交通管理法律、法规和相关政策。许多国家从20世纪60年代起开始实行综合治理交通和减少交通事故的措施,虽然每年因交通事故造成的损失很高,但交通事故上升的势头已趋于平缓,而我国交通事故所造成的损害及后果却依然严重(特别是气候、环境和人为因素),而且呈上升趋势,每年交通事故死亡人数居世界首位。近年来在我国机动车辆数量快速增长的情况下,交通事故造成的伤亡人数呈不断上升趋势。我国自1951年开始统计交通事故数据,当年全国共发生交通事故5 922起,死亡852人,受伤5 159人。1951—1984年的30多年间,交通事故各项指标的变化基本是平稳的。20世纪80年代中期至今,社会交通需求日益旺盛,城乡交通活动随之剧增,而交通建设和管理的发展却不能满足交通运输发展的需要,导致交通事故增多,尤其是1991年后随着国家整体经济实力的不断增强,机动车保有量急剧增加,交通运输发展迅速,交通事故及伤亡人数激增。1998—2002年的5年中,全国交通事故绝对数呈上升趋势,事故总数、死亡人数和受伤人数年增长率分别为32.5%,8.8%和42.7%。2002年全国共发生交通事故77.31万起,造成10.94万人死亡、56.21万人受伤,直接经济损失33.24亿元,间接经济损失数亿元。当年交通事故出现最多的广东、浙江、山东、江苏、四川5省列全国前五位。近年来,由于我国经济持续稳定发展,城乡范围不断扩大,交通发展不断延伸,农村人口、进城务工人员以及个体劳动者出行大幅增长,交通参与活动日益频繁,但同时由于这部分人口受教育程度相对较低,交通安全意识薄弱,容易发生交通事故并造成伤亡。2003年农林牧渔业等农村人口、农民工和个体劳动者由交通事故造成的死亡人数分别为11 914,12 603和16 447人,另分别有45 189,48 778和97 264人受伤。此三类人员共死亡40 964人,受伤191 231人,分别占当年全国因交通事故所造成的伤亡总数的39.2%和38.7%。

交通事故与气候、环境以及人为因素有紧密的联系。其中人的因素起着决定性作用,许多交通事故都是由人为因素造成的,要抓好交通事故的预防就必须抓住对人的教育和管理。近几年来受气候变化的影响，大雾、高温、冰雪、低温、暴雨、大风、扬沙、泥石流、山体滑坡等自然灾害造成的交通事故显著增加，由气象灾害、环境及人为因素造成的交通事故占全部交通事故的 71.6%。总之，从"交通安全警钟长鸣，交通事故防患于未然"的观点出发，杜绝交通事故尤其是重、特大交通事故的发生，在整个气象为农服务工作中具有重大作用和深远意义。

本书介绍了气象造成交通事故的原因、特点及危害，并提出防御措施和方法，便于大家了解气象造成交通事故的诱因，采取科学有效的预防方法，以达到气象为农村防灾减灾服务的目的。

在本书的编写过程中，得到了中国气象局矫梅燕副局长，安徽省气象局于波局长、胡雯副局长、彭慕平纪检组长，淮北市公安局黄思敏副局长、徐遵义纪检书记的大力支持和帮助，在此表示衷心感谢！

由于编著者水平有限，书中难免有不足和错误之处，欢迎批评指正。

编著者
2012 年 1 月 8 日

目 录

序
前言

第一章 气象与交通驾驶员 …………………………（1）

什么是气象和气象学 …………………………（1）

气象与交通驾驶员有什么联系 …………………………（1）

气象对交通驾驶员身体有何影响 …………………（2）

气象与交通驾驶员的心情有关系吗 ……………（5）

气象与交通驾驶员的智力有什么联系 …………（6）

气象对交通驾驶员的性格有何影响 ……………（7）

驾驶室温度多高能使驾驶员的工作产生
　　最佳效率 …………………………………………（8）

环境对驾驶员的用脑效率和交通事故
　　有何影响 …………………………………………（9）

湿度多高最适合交通驾驶员进行工作 …………（11）

空气离子和电磁辐射对驾驶员身体有何
　　影响 ………………………………………………（11）

雾对驾驶员身体和交通有何影响 …………………（12）

交通驾驶员耐寒、耐热能力的大小与交通
　　事故有什么联系 …………………………………（13）

光照对交通驾驶员工作效率有何影响 …………（15）

第二章	**气象与航空交通事故及防御** …………… (17)
	对航空安全有影响的气象条件有哪些 …… (17)
	如何防御风及湍流对航空造成的交通事故
	……………………………………………… (17)
	怎样防御气温、降水、结冰对航空造成的
	交通事故 ……………………………… (19)
	云、雾、能见度对航空有何影响及如何防御
	……………………………………………… (20)
	什么是航空天气预报和航空气候图志？
	其内容和防御作用是什么 …………… (22)
	为什么机场选址要避开大山、大水体和
	低洼地 ………………………………… (25)
	机场为什么不能建在城市、工业区和大型
	火力发电厂附近 ……………………… (26)
	为何机场主跑道应与盛行风向一致，为何
	飞机要逆风起降 ……………………… (26)
第三章	**气象与航海交通事故及防御** …………… (28)
	气象条件对航海安全会造成哪些威胁 …… (28)
	如何防御海雾、大风对航海造成的交通
	事故 …………………………………… (31)
	怎样防御海冰、气温和海温造成的航海
	交通事故 ……………………………… (34)
	何为航海天气预报和船舶气象定线？
	其内容和防御作用是什么 …………… (36)
	港口建设中要考虑的主要气象条件是什么
	……………………………………………… (37)

什么是风暴潮？怎样防御风暴潮 …………(38)
如何防御强风对船舶停靠码头的影响 ……(39)
如何设计防护堤 ……………………………(40)
怎样进行港口防雾 …………………………(41)

第四章 **气象与管道运输事故及防御** ……………(43)
什么是气象与管道运输事故 ………………(43)
气象对管道运输有什么影响 ………………(43)
怎样防御自来水管道低温冻裂漏停水事故
　………………………………………………(44)
雷雨天气如何防御煤气、石油管道泄漏
　起火事故 …………………………………(45)
如何防御山体滑坡、泥石流造成的天然气、
　煤气管道裂漏气事故 ……………………(45)
干燥天气汽车加油站管道如何防御静电
　起火 ………………………………………(46)
为什么油罐车运输油时需要铁链接地 ……(47)
高温干旱天气如何防止煤气、液化气、天然气
　管道泄漏起火及煤气中毒事故 …………(48)
氢氧管道怎样防御雷电静电起火事故 ……(50)

第五章 **气象与陆地交通事故及防御** ……………(52)
气象条件对陆地交通安全有何威胁 ………(52)
如何防御强降水造成的陆地交通事故
　………………………………………………(55)
怎样防御大风造成的陆地交通事故 ………(56)
怎样防御大雾造成的陆地交通事故 ………(56)

怎样防御冰雪造成的陆地交通事故 ………(58)

天气与陆地交通事故的严重性有何联系
………………………………………(60)

气象条件对公路车辆行驶有何影响？
怎样防御 ………………………………(61)

气象条件对铁路列车行驶有何影响？
怎样防御 ………………………………(63)

公路建设采取哪些措施防御陆地交通事故
………………………………………(64)

铁路建设采取哪些措施防御陆地交通事故
………………………………………(67)

我国交警怎样"五招联动"防御高温天气
造成道路交通事故 ……………………(68)

多省交通部门联动怎样预防重特大、灾害性
天气道路交通事故 ……………………(72)

"交通安全气象台"怎样为农村道路交通
安全管理网络服务 ……………………(76)

第一章
气象与交通驾驶员

什么是气象和气象学

气象是指大气的物理状态和现象。用通俗的话来说,它是指发生在天空中的风、云、雨、雪、露、虹、晕、闪电、打雷等一切大气的物理现象。气象现象是可以由气象学解释的可观测的天气事件。这些事件被存在于地球大气中的温度、气压、水汽等可变因素以及可变因素之间的相互作用所决定。

气象学是研究天气现象及大气运动的学科。随着生产的发展,气象学的应用日益广泛,又相继出现了海洋气象学、航空气象学、农业气象学、森林气象学、污染气象学、交通气象学等应用学科。

气象与交通驾驶员有什么联系

交通驾驶员同样生活在地球大气的"海洋"里,空气中的氧气通过呼吸作用进入体内,气候发生的变化更是与交通、生产、生活等一切人类活动有着密切的联系。目前,气候变化在影响着人类的生存环境,改变着人类的生活方式,同时,人类的活动也给气候和环境带来巨大的影响,人类应如何与地球和谐共处?这是近年来全世界都在关心的热点问题。驾驶员是人类社会的组成成员,气候和天气的变化与交通驾驶员也同样有着密切的相互联系。

自然界与人体之间不断进行着能量交换和物质交换。人类的生存发展离不开大气环境(温度、水、氧气、光和热等气象因素)。气象条件对人类的直接影响,是通过大气和人体之间直接进行能量交换和物质交换所产生的。气象条件和天气的变化可以引起人体生理机能的一系列变化,不同地区、不同种族、不同人群的性格受影响的程度是不一样的,这里主要说明气象条件对交通驾驶员的影响。例如,湿热天气会明显影响交通驾驶员反应的准确性,略有不慎,就会造成交通事故;而好天气能使驾驶员心旷神怡,精力集中,反应灵敏,很少出现交通事故。实践证明,一般交通驾驶员的反应准确性在每年的6月份最好,12月份最差。所以,冬季交通事故发生率较高。许多案例表明,气象条件和天气与交通驾驶员有着密切联系,气象条件及天气状况是影响交通驾驶员,造成很多交通事故的间接诱因。

气象对交通驾驶员身体有何影响

交通驾驶员的身体和外部环境是相互联系、相互作用的,二者处在统一体之中。外界环境可以引起身体各种复杂的变化,从而使身体的机能和状态发生改变。外界环境中,大气对交通驾驶员身体的影响是多方面的,主要包括气温、气压、湿度、风、电磁辐射等,这些因素作用于交通驾驶员的心肺、感觉器官及神经系统等,并引起体内一系列反应。这里主要介绍气温、气压、湿度和风对交通驾驶员身体的影响。

1. 气温对驾驶员身体的影响

气温分为自然气温(大气温度)和人工气温(驾驶室内气温),随着外界气温的变化,人的身体皮肤做出相应反应,以维持体温的恒定。气温上升,体表温度也上升,但两者的差别随着温度升高而逐渐减小。

在高温环境中,驾驶员的身体要通过蒸发来散失热量以维护体温恒定。在高温蒸发排汗过程中,心脏血管负担加重,引起血压下降,更加重了心脏的负担。由于皮肤大量出汗,也影响到肾功能。高温还影响驾驶员神经活动,使驾驶员心烦意乱,稍有不慎就会造成交通事故。

在低温环境中,为保持驾驶员身体的热量平衡,组织代谢要加强,氧的需要量也要增加。如果从外界摄入的能量不能满足组织代谢和氧的需要量,人体就会消耗体内细胞的储备,从而对驾驶员身体组织造成影响。

人在炎热的夏季食欲往往不佳,营养摄取量下降,导致身体能量平衡出现负值。当气温下降,进入秋、冬季后,食欲才会变得旺盛,营养摄取量增加,不但可以补偿夏季损失的能量,而且还可将多余的能量贮存在皮下以减少人体皮肤的热量散失。根据调查,驾驶员对营养的摄取量与气温关系很大。气温的高低会影响驾驶员的身体对维生素和盐分的摄取量。

为了适应生活环境,不同气候地区的人,体型也有较大的差异。而气温是生活环境条件中最主要的因素之一。

实践证明:自然气温在 18 ℃时,驾驶员脑思维最为敏捷,不易出现交通事故;35 ℃以上驾驶员会感到脑疲劳,心烦意乱,容易造成交通事故。

2. 气压对驾驶员身体的影响

驾驶员的身体对气压的变化有一定的适应能力,短时间内气压变化过大,对驾驶员的身体也有明显的影响。经试验证明,驾驶员可忍受 15 个标准大气压至 0.303 个标准大气压的气压,但在短时间内气压变化太大,驾驶员身体便不能适应。

在空气稀薄的低压环境中,空气中的氧气分压降低,当驾驶员体内氧的储备降至正常储备的45%左右时,其生命将受到影响。在3 000 m高度低压缺氧的状况下,驾驶员会感到口、鼻、眼干燥,头晕,气喘,经过7天至3个月后,这种反应才能逐渐消失。在3 000~5 000 m高度低压缺氧的情况下,驾驶员会出现胸闷、呼吸急促、恶心呕吐以至神经系统发生显著障碍。

在高压控制的环境中工作5~6小时后,驾驶员身体各组织会逐渐被氮饱和,当重新回到标准大气压环境时,人体内过剩的氮经过很长时间才能逐渐从各组织血液由肺泡随呼吸慢慢排出。如果从高压环境很快回到标准气压环境,则脂肪中蓄积的氮有部分会停留在体内,并膨胀形成小的气泡,阻滞体液,易形成气栓而引起病症,严重时甚至危及驾驶员的生命。

3. 湿度对驾驶员身体的影响

湿度对驾驶员身体有明显的影响。湿度过小,空气干燥,驾驶员出现嘴唇干裂、鼻孔出血、喉头燥痒等现象。湿度过大,空气过于潮湿,驾驶员身体也有不适的感觉。驾驶员身体内丧失热量的多少取决于空气中水分的饱和程度。

湿度还对驾驶员身体的热代谢和水盐代谢有很大的影响。在不同的湿度下,驾驶员身体的散热方式是不同的。因此,湿度和温度往往会共同对驾驶员的身体产生影响。在低温潮湿的天气中,由于大气中的水蒸气吸收了身体的热辐射,而使驾驶员的身体感到阴冷并易受冻;在高温潮湿的天气中,大气中的水汽会阻碍驾驶员的体表蒸发,从而影响到散热过程。

4. 气流(风)对驾驶员身体的影响

研究结果证明,当气流速度大于 0.5 m/s 时,才会影响到驾驶员的体温调节和感觉。

当气温大于 36 ℃ 时,气流会加快汗液的蒸发,从而使体温调节不良;当气温较低时,气流能加强热传导和热对流,促使身体热量散失较多而引起感冒。

温和的气流使交通驾驶员精神焕发,提高驾驶员的反应灵敏性和紧张感;持续强的气流会引起精神兴奋,并阻碍人的呼吸过程。

气象与交通驾驶员的心情有关系吗

气象对交通驾驶员的心情有如下几个主要方面的影响和联系:

(1)众所周知,好天气能使驾驶员心旷神怡,精力集中,反应灵敏,不易出现交通事故。而阴雨、冰雪、大雾等恶劣天气会使人忧郁寡欢,反应迟钝,精力不集中,很容易造成交通事故。

(2)在气象要素中,雨雪天气及气温对交通驾驶员造成的影响很大。酷热使人心情烦躁,这时人容易有过激行为,交通事故率明显上升。大热天,暴力侵害增多,精神病发病率也会上升,也会对交通事故造成影响。

(3)湿度对交通驾驶员的影响也不小。潮湿的雨天易使人的心情忧郁和情绪低落,交通事故率较高,但在久雨后的晴天,则易使人心情舒畅,反应灵敏,也很少发生交通事故。

(4)在某些地区,常刮干热风。这时交通驾驶员的反应变迟钝,常犹豫不决,解决问题的能力降低,这些地区就经常出现交通事故。这些地区的人们,在暴风雨来临之前,往往有一种说不出原因的充实感和兴奋感。

（5）气象不但影响交通驾驶员的心理状况，还与某些疾病的发病有关。如气压降低时，易发生副鼻窦炎，而气压升高，特别是急剧升高时，则会影响关节病患者。在极冷的冬天或酷热的夏天，心血管病的死亡率大大高于春秋季。因为，在严冬，心脏的活动只有大大加强才能维持正常体温。而在酷夏，则由于排汗加强，心脏的负担也相应加重，血压升高，因此，心脏病也易发作。

（6）一般认为，平均气温在21～25 ℃，略有微风的晴天为最理想的天气，这样的天气能使人的体力和情绪保持在良好状态，因而交通事故发生得就少。

气象与交通驾驶员的智力有什么联系

对交通事故案件的统计证明，气象对驾驶员的智力发挥有明显的季节性影响。春天，气温在10～20 ℃之间，万物复苏，是萌发的节令，有利于生命体进行细胞分裂，驾驶员大脑神经的更新加快，活力增强，驾驶员的心理与生理处于最佳状态，故而思维活跃，精力集中，智力的发挥和创造力可能达到一年中的巅峰，因此，很少出现交通事故。秋天，有小阳春之称，天高云淡，气爽神宁，亦可认为是一年中短暂的黄金时间。驾驶员的智力发挥受秋季气候的影响，也很少出现交通事故。而在炎热沉闷的夏季或寒冷阴霾的冬季，驾驶员的智力发挥受到抑制，因而造成的交通事故很多。据统计，每年春、秋季节发生的交通事故远远低于夏、冬季节发生的交通事故，冬季冰雪、大雾或特殊性转折天气条件下，造成的重特大交通事故最多。

气候在很大程度上决定着一个民族（国家）的义化生活。

比如温带海洋性气候使人们的智力偏向于理性、创新和进取。从我国科举时代的历史资料可以看出,江浙一带中状元的人数在全国范围内名列榜首,中进士、举人的多如牛毛;近代以来,江浙沿海一带也是我国工业文明的发祥地。这些不能不与江浙地区气候宜人有关。很显然,在气候宜人的地区,有理性、智力程度较高的交通驾驶员,很少出现交通事故。

随着科学技术的快速发展,模拟春天的气候是完全可达到的,不远的将来,"气候与智能交通"或许将成为寻常百姓乐于实施的国家建设项目。

气象对交通驾驶员的性格有何影响

气候因素的影响导致了人类不同性格的形成。在交通上,不同性格的人与交通事故有着密切的联系。

(1)生活在热带地区的人,在室外活动的时间比较多,所以那里的人性格暴躁易发怒。这些易暴躁的人群,驾驶车辆容易造成交通事故。

(2)居住在寒冷地带的人,因为室外活动不多,大部分时间在一个不大的空间里与别人朝夕相处,形成了能控制自己情绪、具有较强的耐心和忍耐力的性格。比如生活在北极圈内的爱斯基摩人,被人们称为"世界上永不发怒的人"。这种性格的人,驾驶车辆很少造成交通事故。

(3)居住在温暖宜人的水乡的人们,因为气候湿润,风景秀丽,万物生机盎然,往往对周围事物很敏感,精力集中,反应机智敏捷。这样性格的人,驾驶车辆时很少造成交通事故。

(4)山区居民,因为山高地广,人烟稀少,开门见山,长久生活在这种环境中,便养成了说话声音洪亮,商量事情豪爽,精力集中,对人诚实的性格。这样性格的人,即使经常在盘山路上驾驶车辆,也很少造成交通事故。

(5)居住在广阔草原上的牧民,因为草原辽阔,交通不便,且有时气候恶劣,风沙很大,性格变得豪放直爽,热情好客。这样性格的人,在本地区驾驶车辆很少造成交通事故;一旦到城市人车较多、道路狭窄的地方驾驶车辆,略有不慎,就容易造成交通事故。

(6)生活在城市的驾驶员,由于高楼大厦林立,工矿企业众多,温度较高,降水较少,空气质量差,这种憋闷的条件常使城市人形成了孤僻的性格。这样性格的人,驾驶车辆时很容易造成交通事故。

一般说来,性格较差,心态不好的人,遇事容易心慌意乱,极易在驾车行驶中发生交通事故,也许还很严重。性格开朗,能控制自己的情绪,忍耐力强,精力集中,反应敏捷的人,在驾车行驶中不易出现交通事故。这说明,驾驶员的性格与交通事故有明显关联。

驾驶室温度多高能使驾驶员的工作产生最佳效率

为了确保交通安全,防止交通事故的发生,使交通驾驶员集中精力驾驶,驾驶室的温度应控制在使驾驶员的工作产生最佳效率的范围内。研究表明,在温暖的室内工作,其效率要远高于在阴冷的室内工作。

一家保险公司将9个营业点的空调温度调到不同的数值,来测定各营业点职员的工作效率和文字输入的准确率。结果表明:

(1)工作效率最高、文字输入出错率最低的营业点的办公室温度为25 ℃。当温度降到20 ℃以下时,工作效率最低,文字输入出错率也最高。

(2)与 25 ℃的办公环境相比,20 ℃以下的办公环境会使工作效率降低 150%,错误率升高 44%。一名每小时工作效率为 16 美元的职员在 20 ℃以下的环境中工作,每小时仅仅因为文字输入错误就要损失 2 美元。

(3)在 25 ℃的环境中,职员有 10%的文字输入错误,能百分之百地完成任务;在 20 ℃以下的环境中,职员有 25%的文字输入错误,任务完成度只有 54%。

(4)如果将环境温度与办公室内的照明、降噪、人体工学设计等巧妙地结合起来,就能有效提高生产率,节省大量成本。

以上工作效率实验和驾驶实践证明,驾驶室的空调温度调到 21~25 ℃时,驾驶员的工作效率达到最佳状态。驾驶室内的温度过高过低都会影响驾驶员的情绪,温度过高,会造成驾驶员精神烦乱,思想不集中,容易造成交通事故;温度过低,会影响驾驶员的身体保持热量平衡,不能及时补充身体需要的热量,容易患上疾病或造成交通事故。因此,为了避免交通事故的发生,驾驶室内的空调温度一般调到能使驾驶员工作达到最佳效率的 21~25 ℃左右。

在我国,为了节约能源,提倡夏季室内空调温度不应当低于 26 ℃。经实践证明,这一温度值并未影响人们的工作效率。驾驶室的温度要求类似于我国提倡的夏季室内空调温度。

环境对驾驶员的用脑效率和交通事故有何影响

大量的实践证明,自然环境能影响人们的用脑效率,即光线、温度、空气、环境等均与交通驾驶员的用脑效率及交通事故是否发生有着很明显的影响和密切的联系。比如,常年在室内工作的人员有这样的体会:自己感觉情绪和体力都不算差,但干起活来总是不能尽如人意,效率低下。

1. 光线对驾驶员用脑效率和交通事故的影响

正常的自然光可使交通驾驶员的视力、情绪、脑效应增高,处理问题迅速、准确,也很少发生交通事故。过强的光线会刺激脑细胞,使交通驾驶员感到烦躁甚至晕眩,视力模糊,影响思维判断能力,很容易发生交通事故;而太弱的光线则不能引起大脑足够的兴奋,看不清车前情况,更会影响用脑效率,容易发生交通事故。

2. 温度对驾驶员用脑效率及交通事故的影响

交通驾驶员用脑效率的最佳温度是 21~25 ℃,此时大脑处理信息和思考问题的能力最强,当气温低于 10 ℃时,驾驶员的头脑虽然清醒,但用脑效率并不理想;当气温超过 33 ℃时,大脑的能量消耗明显增加,交通驾驶员就会觉得疲乏,烦躁易怒,稍不注意,就会发生交通事故。

3. 空气对驾驶员用脑效率和交通事故的影响

交通驾驶员大脑的活动需要营养和氧气。驾驶员在紧张的工作中,若脑组织供氧不足,大脑的工作效率就会降低,稍有不慎,就会造成交通事故。经常开窗通风换气,使大脑有足够的氧气供应,有利于提高大脑的工作效率,能避免或减少交通事故的发生。

4. 环境对驾驶员用脑效率及交通事故的影响

在人多繁华、噪音过大的环境中驾驶车辆,在受到外界环境干扰时,驾驶员工作效率低下,思想不集中,就会造成交通事故。这说明,环境因素也能影响驾驶员的用脑效率,甚至造成交通事故。可见,驾驶员的工作效率也与环境息息相关。

综上所述,要避免光线、温度、空气和环境对驾驶员造成影响,科学驾驶,排除干扰,提高工作效率,集中精力,避免交通事故的发生。

湿度多高最适合交通驾驶员进行工作

在气象上,用相对湿度来表示大气中的水汽含量。相对湿度越大表示空气越潮湿,水汽含量距离饱和程度越近。我国大部分地区是夏天湿热,冬天干燥。在一定的温度条件下,空气相对湿度越小,人体汗液蒸发越快,人的感觉越凉快。由于驾驶员在驾驶室内工作,所以这里所讨论的主要问题是驾驶室中湿度多高最适合交通驾驶员进行工作。

湿度过低或过高对交通驾驶员都有一定程度的影响。如果驾驶室内相对湿度太小,交通驾驶员会有不舒服的感觉,有时还出现嘴唇干裂、鼻孔出血、喉头燥痒等现象,容易造成交通事故。当驾驶室内空气相对湿度超过80%时,由于汗液蒸发缓慢,驾驶员又会感觉酷暑难耐,有时还会中暑或引发肾病、结核病、关节炎等疾病,也容易造成交通事故。

实践证明,驾驶室内比较舒适的空气条件是:室温达25 ℃时,空气相对湿度控制在40%~50%为宜;室温达18 ℃时,空气相对湿度应控制在30%~40%。可用加湿器经常调节驾驶室内空气的相对湿度,以便充分利用湿度变化来为交通驾驶员的交通安全和健康服务。

空气离子和电磁辐射对驾驶员身体有何影响

1. 空气离子对驾驶员身体的影响

(1)能调节神经系统功能,可使神经系统的兴奋和抑制过程正常化。

(2)可加强新陈代谢,促进血液循环,使血沉减少,血浆蛋白增加,红细胞上升,白细胞减少。

(3)可促进人体内形成维生素及贮存维生素的作用。

(4)能使肝、肾、脑等组织的氧化过程加速,并提高其功能作用。

(5)能改善呼吸功能。

2. 自然界中不同波长的电磁辐射对驾驶员身体的影响各不相同

(1)红外线是能量较小的电磁波,对交通驾驶员身体主要产生热效应,其光可透入人体皮肤 3~8 cm 深。红外线对交通驾驶员身体的主要作用是:加强血液循环和组织代谢;具有消炎镇痛作用;可使皮肤细胞产生色素沉着;预防深层组织过热;对眼睛大剂量照射会引起视力阻碍,甚至白内障。

(2)可见光,其中红橙光具有消炎镇痛作用,可以使驾驶员心情兴奋,精神反应加剧,在驾驶车辆时,不易造成交通事故;而蓝紫光具有镇静作用,使驾驶员精神不集中,反应降低,这时驾驶车辆,容易造成交通事故。

(3)紫外光是能量较大的电磁波,对交通驾驶员身体主要产生化学效应,其光只能透入皮肤较浅的部分。紫外光对交通驾驶员的主要作用是:消炎镇痛作用;抗佝偻作用;杀菌作用;免疫保健作用;可使皮肤细胞产生色素沉着;对眼睛大剂量照射,会引起眼睑炎、结膜炎、角膜溃疡等病。

雾对驾驶员身体和交通有何影响

什么是雾?雾是地面气温下降,饱和水汽在尘埃、微粒、细菌等凝结核上凝结的小水滴,是常见的自然现象。

一说到雾,人们就会想到它对交通出行的危害。大雾造成的交通事故很多,而且也很严重。根据某地区交通事故统计,每年因受大雾影响产生的交通事故多达40%,给社会及不少家庭带来不幸及惨重的经济损失。

大雾天气会使人体发病率增高。由于大气污染,形成雾的凝结核有所变化,雾对人体的危害越来越严重,人在呼吸了污染雾后,鼻炎、咽炎、支气管炎、肺癌发病率明显增多。

雾有较强的吸附性,雾滴在低空飘移时,由于不断与污染物碰撞,能使污染物积聚,使雾的有害成分大增。据测定,雾滴中酸、胺、酚、重金属微粒、尘埃、病菌含量比通常的大气高出数十倍。

为了减轻雾对交通安全等方面的危害,除加强交通管制、增强安全意识、制作好陆地交通防雾预案,杜绝和减少重特大交通安全事故发生外,还要控制、预防大气污染,减少向大气排放危害物质的工厂数量;同时,进行科学防雾,把大雾对交通安全带来的损失,降低到最低限度。

交通驾驶员耐寒、耐热能力的大小与交通事故有什么联系

为什么要研究交通驾驶员耐寒、耐热能力的大小呢?众所周知,人需要一定的体温来维持生命的正常活动,一般人的体温通常稳定在$36.5 \sim 37.5\ ℃$。当体温降到$35\ ℃$时,体内化学反应变慢;当降到$30\ ℃$左右时,左脑功能受到一定影响;降到$20 \sim 22\ ℃$时,心脏就会停止跳动。人类社会实践证明,人可以在气温为$-90 \sim 60\ ℃$的环境中生存,不过不同年龄、体质及不同地区的人,其适应能力有很人的差别。研究交通驾驶员耐寒、耐热能力的大小,也就是研究其对严寒及高温等极端天气下交通事故的应对能力。

交通驾驶员耐寒能力的大小与交通事故有什么联系呢?

按理说,一般人是怕"冷"的,不过,人在突然遇到寒冷时,有一个抵抗过程,随着抵抗力的减弱,体温就会逐渐降低,当体温下降到接近 20 ℃左右时,人就可能死亡。这告诉我们,经受寒冷锻炼的人就能增加适应能力。同样,交通驾驶员经受过寒冷锻炼后,一旦遇到严寒冰冻极端天气就能有一种比较强的适应能力,这种较强的适应能力,能避免或减少交通事故的发生。比如,俄罗斯西伯利亚的温度可达－62 ℃,人们竟能听到自己哈气成冰的"沙沙"作响声,一不小心就会不知不觉冻伤耳朵和鼻子,可是当地人仍然生活得自由自在、安然无恙。以上实例说明我们研究交通驾驶员对寒冷的适应能力,对避免或减少交通事故有重要意义。

交通驾驶员耐热能力的大小与交通事故有什么联系呢?在夏天高温天气下,交通驾驶员容易烦闷,注意力不集中,这时略有不慎,就会造成交通事故。究竟多高的温度对驾驶员是最适宜的呢?交通驾驶员对高温的忍耐极限是多少?

医学研究和实践证明,25～30 ℃是最舒服的环境温度,这样的温度下人体会感到凉热适中。驾驶员如果在 33 ℃这样的温度下连续工作两三个小时,身体"空调"的汗腺就会开始启动,并通过汗液散发身体所蓄积的热量。到了 35 ℃时,驾驶员浅静脉就会出现扩张现象,皮肤微微出汗,心跳加快,血液循环加速。

当环境温度达到 36 ℃时,人体就会开始报警。这个时候,人体会通过蒸发汗水散发热量来进行"自我冷却",此时身体已拉响警报。一般情况下,人体每天大约排出 5 L 汗液,可带走 15 g 钠,50 mg 维生素 C 及其他矿物质,血容量也随之减少。因此,人体需要及时补充含盐、维生素及矿物质的饮料,以防电解质大量流失,导致人体机能紊乱。

当环境温度达 38 ℃时,人体的多个脏器将参与降温活动。在这个温度下,驾驶员身体通过汗腺排汗已较难保持正常体温,肺部会急促"喘气"呼出热量,心跳速度随之加快,输出比平时多 60% 的血液至体表,参与散热。此时,各种降温措施、心脏的保健及药物治疗等措施务必要到位。

工作环境温度 39 ℃是个危险的数字,这时人体的汗腺濒临衰竭。尽管汗腺疲于奔命地工作,但可能会无能为力。这种高温环境,很容易出现心脏病猝发的危险。

当环境温度达到 40 ℃时,人类的大脑将会顾此失彼。这样的高温已经直逼生命中枢,长期处于这种温度下,会出现头晕眼花、站立不稳等现象。这时,必须立即转至阴凉地方或借助较好的降温措施进行降温。

当环境温度达到 41 ℃时,就已经到了严重危及生命的高温,在这种环境下,排汗、呼吸、血液循环等一切能参与降温的器官,在开足马力后很容易处于强弩之末的状况。

以上简要说明了交通驾驶员耐寒、耐热能力的大小与交通事故的关系。为了避免或减少交通事故的发生,交通驾驶员应尽量不在高温及严寒天气下出行,若必须出行,则需采取必要的防护措施。

光照对交通驾驶员工作效率有何影响

从以下几个方面介绍光照对交通驾驶员工作效率的影响:

(1)万物生长靠太阳,交通驾驶员每天应接触一定的阳光。人体对紫外线的敏感度春天最高,紫外线可促使身体产生维生素 D,生长骨质,并有杀菌作用;而紫外线不足也会使身体出现各种疾病。紫外线对驾驶员的工作效率也有影响,严重时,易造成交通事故。因此,交通驾驶员接触一定时间的阳光,对提高工作效率避免交通安全事故有着不可忽视的重要作用。

(2)交通驾驶员一天中如果接受紫外线的照射时间不足 20 分钟,就会有紫外线供应不足的危险。因此,交通驾驶员要经常接触阳光。在驾驶车辆行驶中,保持良好的精神状态,提高工作效率,时刻注意交通安全。

(3)交通驾驶员在阴雨连绵、阳光暗淡的季节,工作效率和生产效率都会受到影响,交通事故也常常发生,早在我国古代就有"天昏昏兮人郁郁"的诗句,可见光照对工作效率及交通事故的影响之深。

(4)车辆晚上行驶中,车灯不亮或灯光亮度不够很容易造成交通事故;为克服车灯灯光暗淡带来的弊端,白天应及时修理或更换已损坏或亮度不够的车灯,集中精力驾驶,预防或杜绝夜间行驶中因车灯不正常工作而造成的交通事故。每至阴雨连绵的时节,要注意驾驶室前方的光线强弱,特别是大雾天气要注意车灯光的远近配合使用,确保车辆在大雾天气中的行驶安全。不合理地使用远光灯,也会造成严重的交通安全隐患,这种案例并不少见。晴空万里、阳光灿烂的天气能振奋交通驾驶员的精神,使其工作效率提高 10%,并且很少出现交通事故。因此,光照对驾驶员的影响不可忽视。

第二章
气象与航空交通事故及防御

对航空安全有影响的气象条件有哪些

飞机的起飞、飞行与着陆,都受到气象条件的影响。影响飞机起飞和着陆的气象条件主要有风(侧风、阵风、风的垂直切变等)、低云、视程障碍现象(霾、烟幕、雾、雪暴、沙尘暴等)、气温以及跑道结冰、积水、积雪等,其中以视程障碍现象和低云影响的最大。影响飞机飞行的气象条件主要有云、湍流、积冰、雷雨、阵雨、冰雹、台风、飑线等。

民航方面目前对于因天气恶劣造成航班延误的解释是:天气原因,不够飞行标准,不能按时起飞。其中"天气原因"包括出发地机场天气状况不宜起飞、目的地机场天气状况不宜降落、飞行航路上气象状况不宜飞越及因恶劣天气导致的后续状况(多指机场导航设施受损、跑道不够标准等)等多种情况。

如何防御风及湍流对航空造成的交通事故

怎样预防飞机遇到强风、侧风、湍流造成的航空交通事故呢?飞机在高空飞行中,高空的风向、风速影响飞机飞行的速度,逆风飞行有较大升力,可以增加载重量,但是,燃料消耗加大。顺风飞行则相反。根据高空风向和风速资料可以提供航线上常年的风信息,做好风向、风速的气候统计分析,了解风向、风速的变化规律,并且结合天气形势及时做出航空天气预报,防御风及湍流对航空的影响。

从以下几个方面防御风及湍流对航空造成的交通事故。

(1)为了预防侧风造成的飞机起飞、降落时发生的交通事故,在飞机场选址建设时要求:跑道与盛行风向一致。因为飞机逆风起降,能获得较大的升力和阻力,便于修正航向,对准跑道,减少对地冲击力,缩短滑行距离。如果侧风的风速超过 $9 \sim 12 \text{ m/s}$,飞机就有滑出跑道及侧倾的危险。例如,1999年8月2日台湾"华航"一架客机由曼谷飞抵香港,时值台风逼近,香港新机场跑道是侧风。飞机冒强烈侧风降落,一翼触地折断,机身横滚180°,机肚朝天,机背擦地冲行,漏油烧成百米火龙,最后机身几乎断为两截。幸运的是烟火只有小股进入机舱,当场死亡2人,伤212人,3人重伤。

(2)利用气象雷达观测风切变,做好风向、风速预报,预防航空交通事故。实践证明,近地面风的垂直切变会使飞机颠簸和偏离预定航向,增加起落操纵的困难。如果飞机在 100 m 以下遇到风切变,没有足够的高度可以摆脱,就容易发生事故。风切变依靠多普勒雷达观测,低空风切变常发生在浓积云和积雨云附近。造成风切变和阵风的中尺度系统有阵风锋和下击暴流,小尺度系统有微下击暴流,引发的阵风风速可达 $40 \sim 60 \text{ m/s}$,常规资料中,对积雨云的资料分析有助于了解风切变发生的频率。对流和高空急流会造成颠簸,特别强的还会损坏飞机,浓积云、积雨云、雷暴和闪电是强对流的表现。

(3)对飞机场周围及航线做好湍流产生的航空天气预报,预防湍流造成航空交通事故。根据形成湍流的原因,可将湍流分为:热力湍流、动力湍流、高空急流(引起晴空湍流)、风的切变造成的湍流及在航迹上出现的尾涡湍流等。热力湍流是由于大气层结不稳定及地表面的热特性不同形成的。动力湍流则是因为地表面附近的空气遇到建筑物或起伏的地形产生扰动形成的。

(4)做好航线风及湍流预报,预防航空交通事故。飞机飞行中,造成飞机颠簸,甚至使机翼或尾翼变形、折断的湍流,往往是热力和动力这两种或两种以上湍流共同作用的结果。因此,对航线上等压面(一般为三层)的风预报很重要,与高空急流相伴的晴空湍流易出现的区域及山区的背风面,更应特别注意。

(5)飞机场建设选址,要避开大山、大水体和低洼地,防御气流波动和风切变,以避免航空交通事故的发生。

怎样防御气温、降水、结冰对航空造成的交通事故

从如下几个方面预防气温、降水、结冰对航空的影响,用及时准确的航空天气预报,避免和减少航空交通事故的发生。

(1)飞机起飞前,要做好跑道上和航线上的气温预报,依据航空气温、气压值订正高度表和空速表,并根据气温和风的预报进行载重量的计算,制定飞行计划。

①气温越高,空气密度越小,飞机升力和阻力越小,载重能力越小,耗油量越少,起、降滑行距离越长。对大多数喷气式飞机,气温每升高 10 ℃,起飞滑跑距离增加 13%。气温、气压值用于订正高度表和空速表。

②飞机的载重量和航行距离也受到气温的影响。当气温高于标准大气温度时,载重量减少;当气温低于标准大气温度时,载重量就增加。气温和气压的变化还会影响到风的方向

和大小,飞机在航行时,逆风飞行会使到达目的地的时间延长,顺风时,则飞行时间缩短。因此飞机起飞前,要做好跑道上和航线上的气温预报,并根据气温和风的预报进行载重量的计算,制定飞行计划。

(2)飞机起飞前,要做好跑道上和航线上的降水预报,要了解视程障碍现象(雾、轻雾、吹雪、雪暴、扬沙、沙尘暴、浮尘、霾、烟雾)、降水现象和冻结现象的年变化和日变化。这些现象对飞机滑跑的影响类似于对汽车行驶的影响,在大暴雨时,飞机降落很容易出现飞行员视程障碍现象,这时飞机很难降落,必要时,可降落于附近无降水或降水小的机场,避免航空交通事故的发生。

(3)飞机起飞前,要做好航线上的冰雹云移动路线预报,及时修改航线计划,避免飞机进入冰雹云,造成航空事故。

(4)要及时做好航线上雷雨云移动、发展的预报,以及锋面和台风区域内的积冰预报,避免恶劣天气造成的航空交通事故。雷暴雨、积冰等不仅使能见度降低、飞行困难,而且还会对机身及仪器造成较大的损伤,雷电、冰雹也能造成航空交通事故。在空中飞行时,根据当时温度(一般在10℃以下)和云、降水等结冰条件,及时使用发动机防冰,待脱离结冰区后,让发动机再工作3~5分钟后再关,以防飞机带冰飞行。

云、雾、能见度对航空有何影响及如何防御

航空目视飞行要求一定的能见度,即使利用仪表飞行,飞机在起、降分阶段也要求一定的能见度。飞机进场时需要的是斜视能见度,但是,一般气象站只能提供所观测的水平能见度。云、视程障碍现象以及降水现象会影响飞行员的能见度。当机场水平能见度低于350 m时,航班无法起飞;低于500 m

时,航班无法降落;低于 50 m 时,飞机无法滑行,极易造成航空交通事故。《中国民用航空飞行规则》(民航局令第 2 号 1990 年 2 月 3 日)第 34 条对各种不同速度的航空器的目视气象条件规定如下:

巡航表速 250 km/h 及其以下的航空器,飞行能见度不小于 5 km(直升机不小于 3 km)。飞机距云的水平距离不小于 500 m,距云的垂直距离不小于 150 m;低空(低于最低高度层)目视飞行时,飞机与云底的垂直距离不小于 50 m。

巡航表速 251 km/h 及其以上的航空器,只准在起落航线或者经空中交通管制部门许可的范围内,按目视飞行的规定飞行。其目视气象条件为:飞行能见度不小于 5 km,航空器距云的水平距离不小于 1 000 m,飞机距云底的垂直距离不小于 150 m。

随着飞行技术和设备的改进,飞行的自由度越来越高,只在十分恶劣的气象条件下才要关闭机场。当云高低于 30 m,能见度小于 400 m 时,必须关闭机场。越来越多飞机几乎可以"全天候"飞行。不过"全天候"飞行只是相对的,并非绝对不受气象影响。人类"征服自然"的含义,绝不是不顺应自然条件,违反自然规律,和大自然对着干,而是深入认识自然,利用自然规律,发掘自然资源,减缓或避开自然灾害。那么,如何防御云、雾、能见度对航空的影响呢?

(1)预报低云高度和能见度出现的概率,提高航行率,制定航班时间表。气象台可以提供机场的云、能见度、视程障碍现象资料。能见度和低云高的气象要素有日变化,必须了解 1 日内不同时间各级能见度和低云高出现的频率,从而估测出限制起飞、着陆的低云高和能见度出现的概率,进而可以求出机场关闭的频率和一条航线的航行率,及时制定适当的航班时间表。

(2)预报雾的生成、持续和消散时间,制定航班计划。从限制飞机起飞、着陆的低云高、雾和能见度出现的概率,可以求出机场关闭的频率和一条航线的航行率,并制定适当的航班时间表。如对广东几个机场统计了2—4月低云、低能见度和雾出现的时间和频率,并在制定航班计划时考虑这些因素的影响,使航班正点率明显提高。

(3)为了防御云、雾、能见度对航行的影响,避免视程障碍现象造成航空交通事故,飞机场建设选址时要避开经常出现低云、大雾等能见度不好的地方,选择开阔、能见度好、无视程障碍,不易出现低云、大雾的场地建设飞机场。

什么是航空天气预报和航空气候图志？其内容和防御作用是什么

航空天气预报是指专为航空服务的天气预报,其目的是保证飞机起飞、飞行和着陆安全。

航空气候图志是将机场、航线和某一区域的气候情况用文字、图表来说明其时空分布规律,以便使用。这种方法统称航空气候图志。

1. 航空天气预报的分类

可根据预报的范围和内容分为以下几类：

(1)航站(机场)天气预报。航站(机场)天气预报是指以机场跑道为中心,在 $10 \sim 20$ km 范围内,对飞机起飞、着陆所必需的气象要素和天气现象进行预报。根据需要发布具有不同时间(2～3小时,以至20小时以上)、内容和名称(起飞、着陆等)的天气预报。预报的主要内容包括风向、风速、能见度、天气现象、云(云量、云状、云高)、气温和气压等。必要时还要对跑道温度、机场周围出现的湍流进行预报。

(2)航线天气预报。航线天气预报是指从起飞机场沿航线到着陆机场(或目标区),对所经地区与飞行有关的气象要素和天气现象进行预报。

做航线天气预报时,通常将航线分为几个区段,对每一个区段三层以上等压面的风与气温、最低云层的云量与云状、地面能见度、0 ℃等温层高度等进行预报。必要时还要增加对流层顶的高度及其附近气温,以及急流位置、高度和走向的预报,预报时效以短时为主。

(3)区域天气预报。区域天气预报是指对整个飞行管辖区进行的天气预报。这种预报一般用天气预报图的形式发布。

区域天气预报主要为确定航运计划服务,如选定最经济、最安全的飞行路线,确定有效最大荷载量等。目前,世界上各航空公司均开始用电子计算机来编制最佳的飞行计划。

(4)特殊天气预报和警报。特殊天气预报和警报是指对飞行有重大影响的天气现象(如暴雨、积冰、冰雹、高空急流等)的分布和强度的预报和警报。预报时效为短时和即时(0～3小时)。预报方法除了用地面气象监测网、天气图外,还采用了现代化的气象雷达、气象卫星等设备,这样会使航空天气预报的时效性和准确性得到提高。

2. 航空天气预报的防御作用

飞机的起飞、降落和滑行跑道都受到气象条件的影响,航空天气预报的防御作用主要是预防机场周围出现湍流、冰冻、大雾等,以避免航空交通事故的发生。

从起飞机场沿着航线到着陆机场,对所经地区与飞行有关的气象要素和天气现象进行预报,其主要作用是预防航线到着陆机场出现湍流、冰雹等，竭力避免航空交通事故的发生。

对飞行管辖区与飞行有关的气象要素和天气现象进行预报，其主要作用是选定最经济、最安全的飞行路线，确定有效最大荷载量等，提高航空经济效益，避免飞机飞行中发生航空交通事故。

对飞行有重大影响的天气现象（如暴雨、积冰、冰雹、高空急流等）的分布和强度的预报，采用地面气象监测网、天气图、气象雷达、气象卫星等的资料来制作，其主要作用是使航空天气预报的时效性和准确性得到提高，以达到避免航空交通事故发生的目的。

3. 航空气候图志的内容

航空气候图志主要包括以下内容：

（1）主要气候要素的特性（平均和极值）及其日变化和年变化规律。

（2）影响起飞、飞行和着陆的天气现象（雷电、降水、湍流、积冰）的量级、日数、起止日期。

（3）机场盛行风向（不同高度上）及其随季节的变化规律。

（4）能见度和雾出现的规律（频率及生消时间）。

（5）飞行高度上的气温、风向和风速。

（6）一年中各月（季）大气环流概况（出现频率、移动方向、强度变化等）。

4. 航空气候图志的预防作用

（1）统计机场气候要素特性和日、月、季、年变化规律，做好航空气候图志。其作用是预防机场出现的湍流，以避免航空交通事故的发生。

（2）制作飞机飞行和起飞、着陆的天气现象降水预报，做好航空气候图志。其作用是预防飞行和起飞、着陆时出现的降水视程障碍,避免航空交通事故的发生。

(3)对机场盛行风向进行预报(主跑道应沿着盛行风向),预防飞机遇到侧风造成航空交通事故。

(4)根据能见度和雾出现的规律制作航空气候图志,其作用是预防飞行、着陆时遇到大雾,避免造成航空交通事故。

(5)对飞机飞行高度上的气温、风向和风速进行预报,作用是计算好飞机载重量,避免造成航空交通事故。

(6)根据各月大气环流概况制作航空气候图志,作用是预防恶劣天气造成航空交通事故。

为什么机场选址要避开大山、大水体和低洼地

1. 飞机场选址为什么要避开大山

应选择常年能见度好,低云、雾、强对流和大风出现频率小,没有地形因素造成的气流波动和风切变的地方建设机场。因为地表附近的空气遇到高大建筑物或起伏的大山地形产生扰动形成动力湍流,造成飞机颠簸,甚至使机翼或尾翼变形、折断等,导致重大航空事故。另外,与高空急流相伴的晴空湍流易出现在大山背风面,风吹过大山会产生地形波,还会有很强的湍流,大山抬升气流也易形成云雾,会影响飞机起飞和降落,甚至引起失事。

如果不得不把机场修在山间谷地,应选择谷地中部,以尽可能减少山地地形造成的气流扰动的影响,绝不能选择风口和狭管地段。

2. 飞机场选址为什么要避开大水体、低洼地

飞机场选址要避免潮湿。大水体或低洼地湿度大,容易导致气流波动,产生低云和雾,对航空交通造成极大干扰。

综上所述,大山、大水体和低洼地容易产生低云和雾,造成航空交通事故。因此,在建机场选址时就要避开大山、大水体或低洼地。

机场为什么不能建在城市、工业区和大型火力发电厂附近

城市、工业区和大型火力发电厂产生的烟、尘和大气污染物会大大降低能见度,造成航空起飞视障碍,甚至会造成航空交通事故。另外,大型火力发电厂多由高达 200 m 以上的烟囱排放热的烟气,热气流也可能直接干扰飞机飞行,易使飞机起飞及降落时发生航空交通事故。

因此机场选址时应避开城市、工业区和大型火力发电厂。

为何机场主跑道应与盛行风向一致,为何飞机要逆风起降

在飞机场建设选址时,根据风的历史气象资料,建设机场主跑道一定要沿着盛行风方向并与盛行风方向一致,减少飞机遇到侧风的机会,避开湍流和风切变,防御航空交通事故的发生。

飞机之所以要逆风起降,这是因为飞机只有在机翼产生的升力大于飞机的重量时,才能起飞。而升力的大小与流过飞机机翼表面的气流速度有很大关系:气流速度越大,机翼上下表面的压力差就越大,升力就越大。而逆风起飞时,流过机翼表面的气流速度等于飞机滑行的速度加上风速,所以,逆风飞行有较大升力,滑行距离也相应缩短,还可以增加载重量,提高航空运输经济效益。而飞机着陆与起飞的情况类似,逆

风着陆,由于阻力大,因此,滑跑距离缩短,而且风速越大,滑跑距离越缩短,而顺风着陆,则滑跑距离会延长。

近地面风的垂直切变会使飞机颠簸和偏离预定航向,增加起降操纵的困难。如果飞机在 100 m 以下遇到风切变,没有足够的高度可以摆脱,容易发生航空交通事故。而飞机逆风起降,会获得较大的升力和阻力,便于修正航向,对准跑道,减小对地的冲力,缩短滑行距离,增加安全性,这是飞机逆风起降的更重要的原因,但要注意逆风不宜过大,否则会引起飞机操纵上的困难。

第三章
气象与航海交通事故及防御

气象条件对航海安全会造成哪些威胁

人类早在远古时期就开始涉足航海,从最早的独木舟发展到至今的万吨巨轮。多少年来,大海吞噬了无数船舶及宝贵生命,船舶在海上的航行安全不可避免地会受到多种环境条件的影响和制约,其中气象条件对船舶的影响不可忽视,甚至有着决定性的作用。在恶劣天气条件下,船舶容易失去可操纵性、稳定性而无法安全航行,最终搁浅或沉没。我国海域辽阔,气象条件四季不定,南北不一,气候总的特点是:夏季多台风,东海以北多雾;冬季为强大的季风,渤海一带有浮冰。这给我国海域船舶的航行安全带来巨大的影响,船舶在海洋中航行,气象条件及其引起的海洋物理现象,有时会成为威胁航海安全的重要因素,甚至造成航海交通事故。如下是几种主要气象条件对航海的威胁:

1. 海雾对航海安全造成的威胁

雾影响海面能见度,不论在海上还是在港口,雾直接影响到船舶的活动,特别是大雾出现时,可使船舶发生偏航、搁浅、触礁和碰撞等海事。船舶雾中航行主要的影响在于能见度受到限制,造成船舶对附近的海况、附近其他船舶的动态缺乏准确的判断,给船舶的安全航行带来威胁。1999年12月31日,中国长江航运(集团)总公司金陵船厂所属"阿哈托"轮在从澄西船厂起航开往南京的途中,当行驶至仪征油轮锚地附近时,由于大雾能见度极差,而与中国长江航运(集团)总公司武汉客运有限公司所属"长航江汉21"轮在长江下游龙潭水道张子港过河标上约 1 km 处发生碰撞事故。造成"长航江汉21"轮旅客 3 人死亡、1 人失踪、2 人受伤。事故的严重后果,使人们清醒地意识到海上大雾对船只带来的威胁。

2. 大风浪对航海安全造成的威胁

沿海大风浪的高发时期在夏季,主要是由于海陆热力性质差异所造成。当船舶顶风浪行驶时,由于波浪的相对速度增大,缩短了涌浪与船舶的撞击周期,使涌浪的碰撞次数增多,撞击程度加剧,增大了对船体的危害。当船长小于涌浪波长时,船舶会产生剧烈纵摇,使螺旋桨露出水面而发生空转,船体的强烈震动,有时会造成桨叶脱落、尾轴断裂,甚至尾壳破裂进水;当船长与涌浪波长相近时,船舶可能同时受一个或两个波峰的作用,导致船体结构变形,受到严重损伤,甚至船体断裂。

当船舶顺风浪航行时,若船速低于波速而船只又位于波峰中,船舶的稳定性会大量损失,船舶达到"冲浪运动"的状态会因瞬时发生加速而产生打横,船会大角度横倾,诸多不利因素可能叠加,使船舶发生倾覆的危险;若船舶位于波谷,会造成甲板大量上浪,波浪与船首直接相冲击,甲板上的各种机械,如锚机、绞缆机、起货机等,在海浪的强烈冲击下容易受损或变形,固定不牢固的设备也容易被大浪冲走,甚至冲坏水密门,引起船舶局部进水,增加船舶载重量,对船舶剩余浮力和稳定性都会产生不利影响,对航行安全极为不利。

短时大风或暴风能掀起滔天巨浪,使船舶摇摆,难以操纵。当风速超过船舶的抗风能力时,会危及船舶安全。在暴风作用下,船舶易发生搁浅或碰撞,船在强逆风下航行,不仅航速减慢,而且消耗燃料增多。

2001年1月6日,江苏盐城市新光集团有限公司射阳县海运公司经营的"苏射18"轮在江苏射阳港海域遭遇大风和大浪,其风力远远超过该轮的抗风能力,使海水和雨水大量进入货舱,导致船舶丧失浮力,最终搁浅沉没,船上的12名船员,1人获救,9人死亡,2人下落不明,直接经济损失达270万元。

3. 浮冰对航海安全的威胁

我国冰情主要存在于渤海水域,冬季受寒潮、大风、降温影响会导致海冰迅速发展。航行在浮冰海域的船舶,受海冰影响可能导致船舶螺旋桨损坏,使船舶丧失操纵性,给船舶安全航行带来巨大危险。海冰能造成港口封冻、航道阻塞,威胁航海安全。2010年1月14日,台州籍油轮"兴龙舟288"在进入潍坊港的过程中,受浮冰和潮流影响搁浅,导致船舶大量进水,失去自航能力,所幸潍坊海事部门全力救援,船上装载的940吨燃料油未发生泄漏,船上人员生命、财产安然无恙。

4. 台风对航海安全的威胁

当航行的船舶受到台风侵袭时,由于此时台风会引起十分大的海浪,从而会导致船体出现较为剧烈的摇荡运动、降速、船向不稳定,以及由此引发其他各种操纵方面的困难,由此给船舶带来危险。船舶在进出港口时,由于交通量和交通密度大,使港口水域显得比较拥挤。交通量和交通密度的大小在空间上制约船舶行动,而且在心理上影响操船者的行为,对驾驶员产生危险压力感。再加上在台风的影响下,船舶的操纵性明显下降,而且通常水道交叉,大量的船舶交通流形成对遇或交叉相遇状态,从而使船舶间无法很好地保持一个安全的航行距离，容易造成碰撞事故。台风期间，水域的有效水深得不到保障，对于吃水比较大的船舶而言，由于水深不够，就会出现舵效降低甚至无舵效的现象，船舶的操纵性能变差，动吃水增加，船舶触底搁浅的可能性将会增加。

1994年9月28日，"爱沙尼亚"号客轮在波罗的海海域遇到强台风，由于水密门被打掉，船体进水，稳定性遭破坏，发生翻船，825名乘客在几分钟内丧失生命。2006年2月2日，埃及客轮"萨拉姆98"号在红海航行途中，遭遇台风，又由于稳定性不足，使船体产生倾斜后无法复原，最终倾覆沉没，409人丧生，百余人失踪。

另外，雷电、海温、暴雨等其他气象条件对航海安全的威胁，往往也不可掉以轻心。

如何防御海雾、大风对航海造成的交通事故

1. 防御海雾对航海造成的影响

海雾是海上重要的灾害之一，我国沿海海上主要以平流雾为主，是因沿海冷海流从冬到夏逐渐减弱北移，暖湿空气逐渐加强北进所致。我国东南沿海一年四季均有雾出现，总体来说是夏季较多，秋季较少。黄海、东海海区则主要在冬、春之交，渤海、黄海及东海海区雾频率均达15%。船舶在雾中航行时首先应采用一切有效手段保持正规瞭望，包括使用船舶上的雷达、自动雷达标绘仪、自动船位报告仪等设备，使船舶早发现航行中的危险，尽早采取行动，保证船舶安全。另外，在海雾预报时应注意以下几个方面的问题：

（1）掌握海雾出现的季节规律。我国海雾冬春之交多出现在南海，春夏之交多出现在东海，夏季移至黄海、渤海一带，8—12月极少出现。另外，还必须统计出各海域海雾出现的

频率,日变化,生消、加强、减弱与当地风向、风速、云量及温湿度之间的关系,以了解其出现的天气气候背景。

(2) 预报海雾出现的天气形势。我国沿海地区的海雾多出现在入海变性冷高压的东部、太平洋高压脊的西部、气旋和低压槽的东部以及准静止锋的天气形势下。

(3) 根据传真天气图来判断海雾(浓雾)的位置及移动趋势,以便船舶离开浓雾警报区。

(4) 利用船舶所在海域的温、湿度及湍流条件来预报海雾是否能够形成。当船舶处于海雾形成的天气形势控制之下时,如果海温低于或等于空气露点温度,且风速小,大气层结稳定,海雾就易形成。

(5) 利用露点水温图解法、干湿球温度表法来估算海雾(平流雾)的生消。

雾会缩短灯标和灯塔的灯光投射距离及闪光时间。浓雾阻挡视线,可能使轮船偏航,甚至触礁或碰撞,1958—1974 年在海上发生的 2 000 多次碰撞中,70% 发生在视程不到 1.8 km 的雾中。

(6) 海雾警报。能见度小于 1 000 m 时发布海雾警报。

我国气象部门把海雾警报分为三个等级,分别为海雾蓝色警报、海雾黄色警报和海雾橙色警报。

预计未来 24 小时中国近海划分 18 海域中任一海域将出现能见度小于 1 000 m 的雾;或者已经出现并可能持续,发布"海雾蓝色警报"。

预计未来 24 小时中国近海划分 18 海域中任一海域将出现能见度小于 500 m 的雾;或者已经出现并可能持续,发布"海雾黄色警报"。

预计未来 24 小时中国近海划分 18 海域中任一海域将出

现能见度小于 200 m 的雾;或者已经出现并可能持续,发布"海雾橙色警报"。

2. 防御大风对航海造成的影响

西北太平洋是全球台风发生频率最高的海域,我国是世界上登陆台风最多的国家之一,据统计,1949—2011 年间共有 580 个台风在我国登陆,约占西北太平洋(包括南海)生成台风数的 26.6%,平均每年登陆 9.2 个,这对航海安全带来巨大影响。我国沿海地区的大风以春季最多,夏季较少,北部海域大风出现的频率高于南部,风力以夏、秋季的台风为最大。我国大风出现的天气形势多为冷锋过境后的偏北大风、高压后部的偏南大风、低压大风、台风及雷雨大风等。预报时首先根据天气图来判断船舶(或预报点)未来受什么天气系统控制及该系统的强弱和移动趋势,然后再结合地表(海面)摩擦力、热力环流(海陆风)方向、动量的上下交换(大气层结及风的垂直切变)等因素做出大风的强度、时间、风向及其转换时间的预报。

大风影响船舶的航速、航向,可以使船舶漂移。大风掀起巨浪,造成船的横摇和垂直运动,横摇的周期若与波浪的周期相同,共振现象使摇幅增大,以致倾覆。风浪造成船的垂直运动,例如 6 000 t、吃水 6 m 的船,在周期为 6 s 的波浪上航行,垂直运动的位移可达 2～2.5 m。如果船在浅水,可能触及水底,船舶搁浅。大风是影响航海安全的最主要的气象因素,因此大风也是航海天气预报中的重点。我国天气预报业务中将平均风速达 6 级(10.8～13.8 m/s)或以上的风称为大风。气象部门及时发布的航海风警报有大风警报和台风警报。

大风警报是气象部门发布的海洋某区域将出现 8～9 级以上大风的航海警告性预报。台风(风力 12 级以上)警报是根据引起大风的原因、强度和位置,以及未来 24 小时或 48 小时的移向、移速、影响范围及强度变化等做出的航海警告性预报。

由于台风中心区域附近的风为强烈的阵性风,阵风往往比平均风速大 30%～50%,为了保证船舶的航行安全,避免遭受台风袭击,必须掌握航行的海区有无台风及其中心位置,以便采取正确的避离方法。

以下是防御台风对船舶航行安全造成威胁的预报方法:

(1)在台风生成的季节和生成较多的海域,要及时收听收看天气预报,并结合天气、海象和物象来判断航行海域是否有台风活动。

(2)根据风速的大小和方向、辐射状卷云的汇合点方向和涌浪的来向等因素来判断台风中心所在的方向。

(3)根据每小时气压下降量、气压距平值、风力大小的变化来估算距台风中心的距离。

(4)利用气象雷达测定台风中心所在的方位和距离。采取一切预防措施,确保船舶航行安全。

(5)当航行中已判断附近海域有台风时,首先根据风和气压的连续变化来判断船舶处在台风的哪个部位。然后用作图法(概率扇形区域作图法、船舶操作图法)和经验(风力不超过 6 级,气压不低于当地、当时平均值的 3 hPa)来避开台风,使船舶与台风之间距离保持在安全距离(一般为 370～556 km)以外。

怎样防御海冰、气温和海温造成的航海交通事故

主要是根据航海天气预报,避免海冰、气温和海温对航海造成事故。

1. 对海冰的防御

海冰可能导致船舶螺旋桨损坏,使船舶丧失操纵性;海冰能够造成港口封冻、航道阻塞,威胁航海安全。从以下几点防御海冰威胁航海安全:

(1)冬季受强寒潮侵袭,我国渤海及黄海北部,每年都有不同程度的冰情,但一般年份不会影响海上的船舶航行,只是在重冰年,才会对船舶航行造成严重的不利影响,甚至毁坏船舶。因此,要做好重冰年预报及船舶气象定线,及时疏通海冰造成的航道阻塞,避免或减少航海交通事故的发生。

(2)在重冰年,特别是有流冰出现时,根据重冰年预报,改变航海路线,避开重冰区,防御海冰损坏船舶或造成航海交通事故。

(3)重冰程度严重,而航海必须通过该区域时,为了避免经济损失,杜绝航海交通事故的发生,可暂时采取停航措施。

2. 对气温和海温的防御

从以下几点防御气温和海温过高或过低:

(1)环境温度过高或过低都会给人带来不适,过低的海温是造成海难死亡的重要原因。要做好气温和海温预报及船舶气象定线,避开高温区或提前采取防御温度过低措施,避免海难死亡事故的发生。

(2)低温会使打上甲板的海水冻结成冰而影响船舶的稳定性,甚至使船舶倾覆。要根据气温和海温天气预报,避开低温区或及时处理船舶甲板上的海水冻结冰。

(3)低温时,易使船舶传动装置和通信天线积冰而影响其正常运行。要做好气温和海温天气预报及船舶气象定线,采取积极措施预防船舶传动装置和通信天线积冰,避免或减少航海交通事故的发生。

何为航海天气预报和船舶气象定线？其内容和防御作用是什么

航海天气预报是指保证海上船舶航行安全的天气预报。船舶气象定线是根据海洋气候资料、天气和海况预报，结合被导航船舶的失速函数，考虑一定的约束条件，通过定量计算，为船舶优选航渡海洋的航线，并在航行中给予修正的导航技术。

1. 航海天气预报的种类

（1）普通天气预报。主要是指短期（48小时以内）、中期（3～5天）、长期（5天以上）的海区海上天气预报，以及描述影响海区的天气系统和变化趋势的天气形势。

（2）风警报。包括大风警报、台风警报等。

（3）风暴潮预报。指根据大风及气压急剧变化等因素造成的沿海或海口水位的异常升降现象和浪高等所做的风暴潮预报。

（4）海雾预报。

（5）海冰预报。

2. 船舶气象定线的内容和防御作用

船舶气象定线过去多采用经验法和作图法，目前随着计算机的发展，以及数理统计方法的引进，在天气和海况预报的客观化、数值化后，气象定线也逐步向客观、定量、最优化发展。由于气象定线既考虑了地面（海面）、高空的气象实况和预报，又考虑了引起船舶失速的因素（风向、风速、浪高、涌向、涌高、流向、流速及航向、航速等），还要结合船舶本身的性能（稳定性、吃水差、装载重、货物种类等）进行分析，因此它是避离灾害性风浪区，在保证航行安全的条件下，使航行时间最短、经济效益最佳的航线。

目前,世界上除了以气象导航服务中心(定线公司)为用户优选航线和航法外,还采用船舶自行定线法。其步骤为:起航前根据月、季气候特征,中长期天气和海况预报,以及船本身的任务来选定一条基础航线,航行中根据传真天气图、海洋气象信息,采用天气形势定线法、时锋线定线法、航海学计算法、数值模拟定线法等来确定修正的航线、调整的航速和航向,避免航海交通事故的发生。

港口建设中要考虑的主要气象条件是什么

港口建设设计时主要考虑风、雾的状况,即各风向的频率和各风向的最大风速。雾是影响海面能见度的主要因素之一,在港口,雾直接影响到船舶的活动。港口建设设计时主要考虑以下因素:

(1)在港口建设设计时,要考虑风暴潮潮位的高低对防护堤的影响。

风暴潮是热带风暴或温带气旋引起的,气压下降、风浪大作、海面短时异常升高的现象。潮水的高度与风暴强度(决定于中心气压和最大风速)和路径有关,大体上气压每降低 1 hPa 海平面升高 1 cm;海平面升高的幅度还与吹向海岸线的风速的平方成正比。如果潮水受风浪吹涌而在港湾壅积,潮位会异常高。在港口建设设计时,要考虑风暴潮潮位的高低对防护堤的影响。

(2)在设计码头泊位时,要考虑防御强风。在船只泊靠码头时,向岸风会推送船体挤碰码头;在系好缆绳后,离岸风会推送船体离开码头,扯紧缆绳。

(3)拍岸浪有很大的冲击力,应根据向岸风的风速、风向和海浪资料,要结合海岸地形,设计防波堤,防御风浪。

(4)港口船舶密集,来往繁忙,有浓雾时视线受阻,容易碰撞,造成港口船舶碰撞损坏事故。因此,在港口选址时,就要避开容易产生雾的地方。

什么是风暴潮？怎样防御风暴潮

1. 什么是风暴潮

风暴潮是指由于强烈的大气扰动(强风和气压骤变)引起的海面异常升高现象。风暴潮发生时除有强风浪的破坏外,还会引起港域的增、减效应(潮位的大幅升降)和强烈的水流、波浪和泥沙运动,同时泥沙运动还会引起港口、航道的泥沙骤淤。

2. 如何防御风暴潮

(1)提高防护堤海挡的防风暴潮标准。新中国成立后,逐年投资提高海挡的防御能力,到20世纪80年代,沿海港口海挡高程约在4.0 m;1985年大潮后,修复加高海挡顶部达到4.5～5.5 m,有的达到6.0 m。大部分采取块石护坡。由于海挡的作用,降低了强风暴潮的破坏力,减轻了经济损失。近几年来,对海挡工程进一步加高加固,使一般地段海挡达到20年一遇标准,重点地段港口达到50年一遇标准。其中,沿海开发区、保税区等地段要达到100年一遇标准,海挡高程达到6.0～6.5 m。

(2)严格控制超采地下水,防止地面沉降。影响地面沉降的主要原因是严重超采地下水。在干旱年份,地下水的开采有所增加,引起沿海地面沉降状况不断加剧。因此,要严格控制超采地下水引起的地面沉降,确保港口具有防御风暴潮的能力。

(3)强化港口清淤,修建闸坝。近年来,有些港口严重淤积,从而抬高了潮位,使船舶过流能力下降,因此,要加大清淤程度和整治力度,以防风暴潮到来引起航海交通事故。

(4)建立风暴潮预报、预警系统。预防风暴潮的关键在于提高认知,掌握风暴潮的变化规律及特性,根据风暴潮出现前现象特征及港口出现风暴潮的路径、强度、潮位高低,进行全方位港口设计,特别做好灾害性风暴潮预报工作,以达到防御风暴潮的目的。

为了掌握风暴潮的动向,并能准确、及时地预报风暴潮,应利用气象高科技技术,密切地注视水文、气象的变化,掌握沿岸港口风暴潮特征及其变化规律,为抵御风暴潮争取主动。

灾害性风暴潮出现前的现象特征为:

①路径:台风登陆后,加速北上。

②气压:气压急速下降。

③风:海面出现持续时间长、高强度向岸大风。

④风暴最大值发生在天文潮高潮期。

如何防御强风对船舶停靠码头的影响

前面已经讲述了防御大风对船舶航行安全的影响,下面主要从强风对船舶泊靠码头造成的威胁及其防御措施进行说明,达到防御和减少或避免强风对船只泊靠码头造成的经济损失和事故的发生。

1. 强风对船舶泊靠码头的威胁

(1)在船舶泊靠码头时,强风刮到港口岸上形成的向岸风会推送船体挤碰码头,有时向岸风对船舶停靠码头造成较大的威胁,甚至损坏船体或造成其他事故。

(2)船舶在停靠码头、系好缆绳后,强风刮到港口岸上形成的离岸风会推送船体离开码头,拉扯甚至扯断缆绳,通常对船舶和码头都会造成损坏。

(3)停靠在码头的船舶也会受到暴风的影响,其主要原因是大风或暴风掀起滔天巨浪,使船舶在停靠码头时摇摆,难以控制。当风速超过船舶的抗风能力时,会危及船舶安全。

2. 如何防御强风对停靠在码头船舶的影响

(1)根据当地天气预报、大风警报及大风应急预案,充分准备,切实做好防御强风对停靠在码头船舶的影响,减少或避免强风对停靠在码头船舶造成事故。

(2)设计码头泊位时,应根据强风历史资料,考虑向岸风和离岸风对码头及船舶的影响,避免航海交通事故的发生。

(3)在码头建设选址时,根据当地的强风历史资料,进行防御强风形成离岸风对船只停靠码头影响的评估预报,设计码头泊位,以避免航海交通事故的发生。

如何设计防护堤

防护堤是位于港口水域外围,用以抵御风浪,保证港口内有平稳水面的水工建筑物。突出水面伸向水域与岸相连的称突堤;立于水中与岸不相连的称岛堤。堤头外或两堤头间的水面称为港口口门。口门数和口门宽度应满足船舶在港口内停泊、进行装卸作业时水面稳静,以及进出港口航行安全、方便的要求。有时,防护堤也兼用于防止泥沙和浮冰侵入港口内。防护堤内侧常兼作码头。防护堤按其断面形状及对波浪的影响分为斜坡式防护堤、直立式防护堤、混合式防护堤等种类。我国目前常使用的是混合式防护堤,因为随着科学技术的发展,混合式防护堤的消波性越来越好。

从以下几个主要方面进行防护堤的设计:

(1)根据向岸风的风速、风向、海浪资料和海岸地形地貌,设计建设防护堤。

(2)为使水流归顺,减少泥沙侵入港口内,防护堤轴线应设计成环抱状。

(3)风浪形成的拍岸浪有很大的冲击力,要根据拍岸浪的冲击力,结合港口海岸地质承受能力设计防护堤。

怎样进行港口防雾

从以下几个方面,根据海雾预报进行港口防雾:

(1)强化领导责任。各相关单位要充分认识到大雾对交通港航业安全运行造成的影响和危害,从保民生、保运输、保生产的高度,加强大雾天气防范组织领导,深入基层,深入生产一线,关心坚守岗位职工的生产、生活,确保交通港航行业运行安全、平稳、有序。

(2)切实落实防雾措施。要以预防为主,切实做好防大雾为主要内容的运输安全保障工作。一要切实做好交通运营的管理和疏运工作,完善大雾天气的交通组织运营方案及大雾应急预案,确保大雾天气交通航运业的平稳运行;二要对港口客流量进行监控,及时做好信息发布和客流量疏导工作,着力防止各类事故发生;三要加强对港航运输工具的安全检查并及时整改,重点做好对船舶的安全技术检查及维修;四要进一步加强对水上运输经营单位安全营运状态的监控管理,另外,对防雾措施的落实情况进行检查督促。

(3)全力做好大雾应急处置。要认真对照大雾应急预案的要求,切实组织好应急队伍、物资、装备等应急准备。严格执行预案明确的预警和应急响应机制,确保以预警信号为行动命令,及时启动响应程序,确保灾害性大雾天气来袭时,应急人员、物资、措施到位。

（4）加强应急值守班和信息报送。各有关单位要加强应急值守班，做好信息报送工作。突发事件发生后，在组织抢险救援的同时，要及时掌握相关信息并及时报告。一旦发生重特大突发事件，必须在3刻钟内以口头形式、1个半小时内以书面形式，向上级报告，并根据事态发展续报，特别重大或特殊情况应立即报告，杜绝迟报、漏报和瞒报。

第四章
气象与管道运输事故及防御

什么是气象与管道运输事故

管道运输作为五大运输方式（汽车、列车、飞机、船舶、管道）之一，是人类生产、生活中不可缺少的特殊运输方式。气象因素或天气条件往往会引起管道运输发生事故，这类事故大多数是雷电或静电明火引起的，一旦发生这类事故，损失很大，救护难度也很高。管道运输大多数是油、氢气、氧气、煤气、天然气等易燃易爆的危险气体或油液，每年我国仅因煤气管道泄漏而中毒死亡的人数就在千人以上。

防御管道运输事故，首先应从提高防患意识上抓起，在关键的运输环节上不可粗心大意，严格执行防患规章制度，按要求进行操作，提高责任心和安全意识，主要从防火、防雷、防静电这三个环节上做好安全管理，确保管道运输畅通、安全，减少或杜绝漏泄事故所带来的损失。

概括地说，科学地防御因气象影响造成的管道运输事故所采取的一系列措施，称为气象与管道运输事故及防御。

气象对管道运输有什么影响

管道运输看似不受气象条件的直接影响，但是若处理不当，就会存在严重的安全隐患。因雷电或天干物燥产生静电引起火灾的事例不为少见,如1989年8月12日9时55分,山东黄岛油库发生特大火灾爆炸事故,这次事故的直接原因是半地下5号混凝土油罐本身存在接地不良的缺陷,遭受对地雷击,产生的感应火花引爆了罐内的油气。此次事故死亡19人,伤100多人,原油烧掉至少4万m^3,合3.6万t,据估计,直接经济损失为3 540多万元。

以下是气象对管道运输几个方面的影响:

(1)雷暴雨天气易造成煤气、天然气、氢气、石油管道运输的雷击起火事故。

(2)低温易造成自来水管冻裂漏停水事故。

(3)天气干燥易造成加油站、煤气、液化气、天然气管道漏气,以及静电起火事故。

山体滑坡、泥石流等也会对管道运输产生影响。

怎样防御自来水管道低温冻裂漏停水事故

在寒冬,气温达到-10 ℃左右时,露在外面的自来水管道往往会冻裂漏水,严重时会影响到千家万户的居民用水,怎样防御自来水管道冻裂漏停水事故呢?

(1)根据当地气象部门的天气预报,若最低气温将达到-10 ℃左右,应提前采取积极有效措施,将露在外面的自来水管道用保温材料包扎好以防冻裂,确保城市居民和生产单位用水。

(2)定期检查自来水管道供水情况,有跑漏水情况,要及时发现并及时停水修复,以保障供水。

(3)自来水供水施工单位若发现冻裂漏水现象更要及时停水修复,以保障居民用水,减少损失。

雷雨天气如何防御煤气、石油管道泄漏起火事故

当雷雨天气时,雷雨云带来大量电荷,由于静电感应作用,雷雨云下方的地面和地面上的物体都带上了与雷雨云相反的电荷,雷雨云及其下方的地面成了一个已充电的电容器,当雷雨云与地面间的电压达到一定大小的时候,地面上突出的物体比较明显地放电,这时会形成雷击。雷击产生的火花与管道泄漏气体相遇就会发生雷电起火事故,造成重大经济损失。

如何防御煤气、石油管道泄漏导致的雷击起火事故呢?

(1)煤气、石油管理部门平时(特别是异常天气时)应经常检查,杜绝煤气、石油管道的泄漏现象,防患于未然,避免经济损失。

(2)在对煤气、石油管道设计施工时,应采取必要的防雷措施,如安装避雷针、避雷带、避雷线、避雷网作为接闪器,把雷电接收下来,然后通过良好的接地装置,迅速而安全地把它送向大地,从而把雷电起火事故造成的损失降到最低限度,尽量杜绝这类事故的发生。

如何防御山体滑坡、泥石流造成的天然气、煤气管道裂漏气事故

山体滑坡是指山体斜坡上某一部分岩石在重力(包括岩土本身重力及地下水的动静压力)和雨水冲刷作用下,沿着一定的软弱结构面(带)产生剪切位移而整体向斜坡下方移动的作用和现象,俗称"走山"。

泥石流是指在山区或者其他沟谷深壑、地势险峻的地区,

因暴雨、暴雪或其他自然灾害引发的携带有大量泥沙及石块的特殊洪流。泥石流具有突然性,以及流速快、物质容量大和破坏力强等特点。发生泥石流常常会冲毁公路、铁路、管道等交通设施,造成重大的损失,有时突然爆发的泥石流沿着陡峻的山沟奔腾咆哮而下,地面为之震动,山谷犹如雷鸣,在很短的时间内,将大量泥沙、石块冲击至沟外,在宽阔的堆积区横冲直撞,漫流堆积,有很大的破坏性,天然气、煤气管道遇到泥石流,轻则撞裂漏气,重则把管道撞断造成重大经济损失。

如何防御山体滑坡、泥石流造成的天然气、煤气管道裂漏气事故呢?

(1)设计天然气、煤气管道线路时,要避开山体滑坡及泥石流可能发生的地段,确保煤气、天然气管道的运输安全。

(2)定期检查,如果当场发现裂漏气现象,应及时从上源头关停阀门,进行抢修,力求最大限度地减少经济损失。

(3)根据本地区降雨预报,对天然气、煤气管道经过的地域,以及易发生管道泄漏的地方,要提前进行加固,杜绝泄漏现象出现。

干燥天气汽车加油站管道如何防御静电起火

汽油在输转过程中,油料分子之间及油料与其他物质之间的摩擦会产生静电,其电压随摩擦加剧而增高(可达1万~4万V),当电压增到一定程度时,若有接地导体与其接触,就会跳火引起火灾。静电放电一般发生在往油罐中抽油、用泵输转汽油、汽油罐运输途中、用汽油擦洗毛织物或人造纤维织物及在雷击中进行收发汽油作业等情况下。

加油站应从以下几方面防御静电起火:

(1)一切用于贮存、输转汽油的油罐、管道装卸设备等都必须有良好的接地装置,其接地电阻不应大于 10 Ω,接地线可用厚度 4 mm,截面积 48 mm² 以上的扁钢制成;油罐汽车的接地线可用直径 6 mm 的钢丝绳;胶管的接地线可用直径 3 mm 的多股铜线。接地板应用直径 50 mm 或 66.7 mm,长 2~3 m 的铜管,除去表面锈污,挖半米深的坑,将钢管垂直打入坑底的土中,作为接地极柱。接地线与接地极柱面的接点应焊接。

(2)往油罐或油罐车中加油时,输油管要插入油面以下或接近罐的底部,以减少油料的冲击和与空气的摩擦。

(3)装卸或输转油料时,不能在油管上口安装绸、毡过滤袋。不能用汽油擦洗毛织物或人造纤维织物,必须擦洗时,动作要轻,不得猛烈擦洗。

(4)在空气干燥的季节,易发生静电放电,这时应加强接地装置的检查或测试接地电阻的性能,放慢灌油速度,必要时可往接地极柱周围浇水。

(5)一般在装油开始和装到容量的 3/4 后,容易发生静电放电事故。所以,对于快速装油的设备,在装油开始和接近结束时应适当控制流速。

(6)不要用塑料桶来存放汽油。

为什么油罐车运输油时需要铁链接地

(1)油罐车在运输油的过程中,油与罐体摩擦产生静电,而汽车的轮胎是橡胶的,是绝缘体,油罐中产生的电荷不可能通过轮胎传到地下,这样静电荷不断积累,当静电荷的电压到一定的临界点时,就会放电产生电火花,点燃油罐车里的油蒸汽,造成爆炸。铁链的作用就是将摩擦产生的静电荷导入大地,避免产生电火花。

(2)对以 0.5 m³/min 以上的速度快速装卸油设备的油罐车,在装卸时,除了确保铁链接地外,还要将车上油罐的接地线插入地下并不得浅于 100 mm,确保所产生的静电良好入地,避免静电起火事故的发生。

高温干旱天气如何防止煤气、液化气、天然气管道泄漏起火及煤气中毒事故

1. 怎样预防煤气、液化气、天然气管道泄漏引起火灾

干燥天气最容易产生静电。煤气、液化气、天然气管道漏气若遇上静电,则极易产生火灾,造成重大事故。除静电产生火灾外,还有人为明火及隐患待发的火种,这些都可能在管道漏气处附近发生火灾或爆炸事故。这里主要介绍如何防雷电、静电起火:

(1)煤气、液化气、天然气管道的防雷、接地应按我国现行《建筑物防雷设计规范》的规定,不应低于第二类防雷建筑物的防雷标准,应有防直击雷、防雷电感应和防雷电波侵入的措施。

(2)防雷接闪器的保护范围,气体放空管及通风管的防直击雷、防雷接地、防雷电感应、防雷电波的要求和措施,以及露天装设钢质封闭煤气、液化气罐的防雷接地等均应按我国现行《建筑物防雷设计规范》、《交流电力装置接地设计规范》及《爆炸和火灾危险环境电力装置设计规范》等有关规定执行。

(3)煤气站、液化气站内的金属管道、金属构架外壳等,室外架空天然气管道,以及金属构架两端均应接地。管道法兰盘、阀门等连接处,应采用金属线跨接接地。

(4)大型煤气罐,当其钟罩壁厚大于或等于 4 mm 时,可不装接闪器。但钟罩和水槽应有可靠接地,接地点不少于两

处,两接地点间距离不宜大于 30 m,其冲击接地电阻不应大于 10 Ω。

(5)室外架空敷设的煤气、液化气、天然气管道,应设防雷电波侵入建筑物的接地、防雷感应接地,接地电阻均不应大于 10 Ω。

(6)在有爆炸危险的环境内,可能产生静电危险的设备,管道等和室外煤气、液化气、天然气管道通过建筑物出口处,在不同爆炸危险环境的边界,管道分支处,以及管道每隔 50~80 m 处,均应设防静电接地,其接地电阻不应大于 10 Ω。

(7)接地的设备、管道等均应设接地端头,接地端头与接地之间,可采用螺栓紧固连接,对有振动、位移的设备和管道,其连接处应加挠性连接过渡。

2. 如何防御明火及煤气中毒

(1)防明火。

①煤气、液化气、天然气是易燃易爆品,甚至接触很小的火星也能引燃。因此,在管道易漏气的地方,必须遵守防火安全规定,管道附近要严禁烟火,一切火种如打火机、火柴等都禁止带入易漏气的场所。

②沾油料的棉纱头、油手套等不要存放在易漏气附近,以免在一定温度会发生氧化,温度升高达到自燃点,引起着火。

③易燃现场要严禁焊接,以免引起火灾。

④存放煤气、液化气、天然气管道的场所,严禁无关人员接近,以防止明火引爆破坏。

(2)防煤气中毒。煤气中毒即一氧化碳中毒。煤气是煤炭没有充分燃烧时产生的,是一种无色无味的有毒气体。煤气进入人体后,会很快与血液里的血红蛋白相结合,影响氧气的吸收,在这种情况下,人体就会发生缺氧现象,产生头痛、头晕、恶心呕吐、四肢无力、呼吸困难、大小便失禁、瞳孔放大、昏迷不醒等症状,如不及时抢救,很快会造成死亡。

应从以下几方面防御煤气中毒:

①要按正确要求使用煤气,低温季节务必预防煤气中毒。

②发现煤气管道有破损、锈蚀、漏气等问题,要及时更换或安全修补,一定不能采取电焊方式或在油库当场修补。

③若室内有易漏气的管道,要经常打开门窗通风换气,保持空气新鲜,以防煤气中毒。

④用煤气后有头晕、恶心等症状,应先考虑有无煤气中毒的可能,并立即打开门窗通气。发现煤气中毒严重者立即拨打120求救。

⑤学会预防煤气中毒与急救知识,发现中毒者应及时抢救,避免煤气中毒死亡事故。

氢氧管道怎样防御雷电静电起火事故

氢氧站、供氢站的火灾危险性类别应为"甲"类,因此,应引起人们的高度重视,同时,氢氧站、供氢站是重要的消防防火单位,也是防雷电、静电重点保护对象,氢氧站的防雷电、静电保护措施与煤气站防雷电、静电保护措施相似,对相同点这里不做重复介绍。

以下几点是氢气管道与煤气站防雷电、静电不同的几项措施:

(1)氢气管道的防雷、接地应按我国现行《建筑物防雷设计规范》、《交流电力装置接地设计规范》、《计算机网络设备安全保护接地技术规定》及《爆炸和火灾危险环境电力装置设计规范》等有关规定执行,不应低于"甲"类的防雷建筑,应高于煤气站防雷电、静电各项保护措施,特别是防感应雷和防雷电波侵入反击的措施要到位,确保防雷电流反击的地方,避雷器和隔雷器按需要安装使用。

(2)大型氢气罐,当其钟罩壁厚大于或等于 4 mm 时,在避雷针(器)的保护范围内,不装接闪器。但钟罩应有可靠接地,按技术规定,接地点应不少于三处,两接地点间距离不宜大于 20 m,其冲击接地电阻不应大于 4 Ω。

(3)室外架空敷设的氢气管道,应设防雷电波侵入建筑物的接地、防雷感应接地,接地电阻均不应大于 4 Ω,确保架空氢气管道的防雷安全。

(4)有爆炸危险的环境内,可能产生静电危险的设备、室外氢气管道通过建筑物出口处、在不同易燃易爆危险环境的边界、管道分支处及管道每隔 30~50 m 处,均应设防静电接地,其接地电阻不应大于 4 Ω。在施工时,同样不得电弧焊接,避免造成事故。

第五章
气象与陆地交通事故及防御

气象条件对陆地交通安全有何威胁

火车、汽车等陆地交通工具的运行及路面状况、线路的选择都受到天气条件的影响,其中以大雾、强风、雨雪等极端、转折性天气对交通的影响最大。恶劣天气人们依旧会出行,上班、上学很少因天气不好而停止。恶劣天气只会加大交通压力,增多交通事故。例如,2010年5月23日2时10分,因连日强降雨造成山体滑坡掩埋线路,由上海开往桂林的K859次(编组17辆,载客568人)旅客列车,运行至江西省境内沪昆铁路余江至东乡间(K699+700 m处,即东乡县孝岗镇)时脱线,导致机车及机后第1至第9位车辆脱线,中断上下行线行车。事故造成19人遇难,71人受伤,沪昆铁路中断。同日3时,辽宁高速公路境内阜新段发生一起特大交通事故,使32人死亡,24人受伤。这两起交通事故,相距时间50分钟,死亡共51人,95人受伤。

据有关统计,2001年全国道路交通事故死亡10.6万人,全国公安交通管理部门共处理交通案件75.5万起,直接经济损失30.9亿元。2002年全国交通事故死亡10.9万人,伤56.1万人,共发生交通事故77.3万起,直接经济损失33.2亿元。2003年全国道路交通事故死亡10.4万人,交通事故66.8万起,直接经济损失33.7亿元。2004和2005年全国交通事故每年各45万起,每年造成9.9万人死亡、47.0万人受伤,首次出现下降,但我国的交通事故仍居世界第一。交通事故造成的人员伤亡和经济损失,触目惊心。

以下从主要方面说说气象条件对交通安全的威胁。

1. 大雾对交通安全的威胁

说到雾,人们就会想起它对交通安全的危害。的确,大雾会引起交通运输能见度障碍,因大雾造成的交通事故很多,且很惨重。雾会降低能见度,使驾驶人员难以及时判明前方的路况。能见度小于300 m,车速受到限制,小于50 m时,行驶困难。所以,在有雾时,交通事故显著增多。例如,1999年11月22—24日,北京连续3天大雾,北京公安交通管理局共接事故报警586起,这次大雾是由于从地面到1 km的上空形成逆温层,造成各种污染物扩散受阻,不断积累并滞留在低空,加之冬季大量使用燃煤取暖造成烟雾排放增加,从而进一步加重了空气中的颗粒与雾结合。受大雾影响,北京交通管理部门不得不关闭京石、京津塘、八达岭高速公路,同时还关闭了京通快速路。北京的4条高速路同时封锁,这是第1次。天津、上海、南京、西安、长沙等城市在1999年11月22—24日间都不同程度发生大雾造成的交通事故。如22日长沙至长益高速公路因大雾造成20多辆汽车追尾特大事故,导致3人死亡。22日沪宁高速公路全线封闭,西安、宝鸡高速公路关闭,正常交通全面受阻。

2. 风对交通安全的威胁

由于风压与风速的平方成正比,因此,在强风或大风时会产生极大的风压,从而对交通造成危害,其危害主要表现在以下几个方面:

(1)车辆受强风(特别是横侧风)的影响而行驶困难,易发生交通误点和颠覆事故。如高速行驶的列车受到强侧风作用,易出现脱轨、翻车和人员伤亡事故。

(2)风沙掩埋线路、堵塞涵渠、摧毁失修或故障桥梁,致使交通中断。

(3)经常受强风影响易使沙漠地区堆沙,使海岸带沙粒和盐分飞散而造成铁轨和架空线路损坏。

(4)暴风易造成电线杆倒塌,使电力供应中断。

(5)有时大风使蒸汽机车的火种飞扬,易造成林区火灾。

(6)高原沿途空旷的铁路、公路,强风吹坏防雪栅、防沙林而造成雪阻、沙阻。

3. 强降水对交通安全的威胁

暴雨及其引发的洪水,对交通造成的危害主要是:

(1)暴雨、洪水使路面浸水、积水,挟带的泥沙流入并覆盖路基路轨,严重时会冲毁路基、轨道。2012年7月21日,北京降特大暴雨,暴雨当天机场快轨停运,在建的北京地铁6号线金台路段局部发生坍塌,暴雨导致京港澳高速公路多处严重积水、车辆被淹。

(2)在山区常因暴雨、洪水而使涵洞来不及排泄,造成桥梁、涵洞被毁,交通中断。

(3)暴雨引起道路两侧的山(坡)产生落石、崖崩、山体滑坡、泥石流等地质灾害而阻断交通,甚至造成重特大陆地交通事故。

4. 冰雪对交通安全的威胁

冬季的降雪易形成雪阻,阻断交通,其造成的危害主要是:

(1)雪堆积到轨道和路面后,在低温下使道岔、轨道和路面冻结而变得像镜面一样湿滑,易造成交通事故,阻塞交通。

(2)雪堆积在桥梁、架空线路和其他建筑物上,雪荷载易造成桥梁建筑物倒塌、通信中断。特别是在出现风吹雪的情况下,雪的堆积量大,对桥梁和架空线路的危害更为严重。

(3)当山坡的雪荷载增加、雪的强度降低、雪的蠕动和滑动产生时,易发生雪崩,雪崩使山区交通运输阻塞,甚至使交通瘫痪。

(4)在暴风雪的影响下,会引起交通运输能见度障碍。造成交通事故增多,使交通阻塞,也会发生汽车连环碰撞事故,给交通安全带来影响。

如何防御强降水造成的陆地交通事故

(1)在火车、汽车运行时,为保证安全运行,合理计划调度,应随时掌握沿线的天气预报,特别是强降水等灾害性天气出现时,应减慢运行速度或者暂停运行,以确保生命财产安全,减少损失。

(2)各地应经常组织轮训驾驶人员的防灾救灾的应变能力和判断自救能力,以冷静的头脑处理排除障碍因素,减少交通事故的发生,提高救援效率。

(3)铁路、公路建设选线时要统计分析沿途的有关气象资料,线路要尽量避开山洪、山体滑坡和泥石流易发区,并对30年一遇、50年一遇、100年一遇的强降水概率进行推算。

(4)在道路修筑过程中,对桥梁、涵洞的设计要考虑过水面积的大小,掌握暴雨量级和频率,并进行科学设计,使强降水引发的交通事故频率减少到最低。

怎样防御大风造成的陆地交通事故

（1）在铁路、公路选线时要严格统计分析沿途的相关气象资料,线路要尽量避开强风区。

（2）在道路修筑过程中,对桥梁的设计要考虑桥的最大耐风力,以防遇强风被吹毁。

（3）火车、汽车运行时,为保证安全运行,合理计划调度,应随时掌握沿线的天气预报,特别是有强风等重大灾害性天气出现时,应减慢运行或暂停运行。

（4）做好大风预警预报,按大风应急预案程序,有效防御大风造成的交通事故,把损失降低到最低限度。

怎样防御大雾造成的陆地交通事故

（1）在铁路、公路选线时,要统计分析沿线的有关气象资料,线路要尽量避开多雾区。在火车、汽车运行时,要合理计划调度,应随时掌握沿线天气预报,一旦出现大雾时,应减慢运行或暂停运行。

（2）因地制宜制定大雾应急预案。制定大雾应急预案是避免或减轻交通事故的有效防御措施。大雾往往都是在后半夜开始出现的,此时,绝大部分人都在休息,只有少部分人值班,交通部门的值班人员能否迅速作出反应,采取有效措施正确调度,对避免交通事故起着十分重要的作用。可事先制定一套适合本地特点、行之有效的防雾应急预案,能使人们遇事不慌,沉着应战,按预案程序采取正确的防御措施,确保交通安全。1988年上海交通部门制定了"迷雾调度"和"抗雾预案",1990年又制定并实施了"恶劣天气越江运输应急预案"

等防御雾灾措施,因此,在以后的十几年中,上海因大雾引起的交通灾害显著减少。

(3)积极做好大雾天气预报和防御工作。准确的大雾天气预报是正确采取防御措施的基础和前提,气象台站要加强对大雾天气的研究,准确做出大雾预报,及时将预报信息传递到电台、电视台、交通部门和其他有关单位,以便他们根据预报信息,按应急预案采取防御措施。

(4)增强雾灾意识,服从交通管理。树立防御雾灾意识是减少交通事故的有效措施。车辆在雾天行车必须减速,并打开防雾灯,以增加能见度;航行船只要加强瞭望,并根据雾情,按规定停航或及时采取避撞措施;街上行人要谨慎慢行,不能抢道,要服从交警指挥。

(5)汽车在高速公路上遇雾的应急措施。行驶在高速公路上的汽车遇雾,驾驶员应做到以下几点:

①树立高速意识。在高速公路上开车的驾驶员必须时刻意识到自己在"高速运动"之中,应心清目明,集中精力,注意道路标志,系好安全带,做好预防事故发生的准备,不可猛踩油门、急刹车或急转方向。

②保持车况良好。在高速公路上行驶,特别是在大雾情况下,极易发生追尾事故。因此,一定要保证防雾灯、照明、喇叭、灯光信号装置、大小灯、刮水器、转向及制动装置保持完好。

③控制好车速、车距。控制好车速、保持车距是保证交通安全的最关键因素,要严格按交通管理部门限制的车速、车距行驶,并注意收听交通电台播放的有关气象信息,同时观察周围情况,当雾的浓度达到一定程度时,应把车辆驶向最近的停车场或休息场所,待雾散后再行驶,以确保安全,绝不能因为

想尽快驶出雾区而加速行驶。

(6)大雾时,陆地交通停驶封路、停航的能见度指标。道路(特别是高速公路)因大雾发生的汽车连环碰撞事故,各地也屡有发生。路段要不要关闭?什么时间关闭?这实际上是一个水平能见度(简称能见度)V是否小于能见度临界值V_c的短期或短时预报问题。在实际生活中,当能见度小于150~100 m时,公路交通便受阻。但是,关闭高速公路的能见度临界值V_c的确定,需要高速公路管理部门提供或由他们与气象部门共同研究确定。能见度V定量服务(不同交通工具)的技术指标如下:

公交车辆、小客车:能见度在150~100 m实行减速,50 m或以下停驶、封路,能见度恢复500 m以上重新开放。

货运车辆、大客车、校车、危险化工车辆(油罐车等):能见度在200 m或以下实行减速,50 m或以下停驶、封路,能见度恢复500 m以上重新开放。

高速车辆或高架桥(路)通行的一切车辆:能见度在250 m或以下实行减速,100 m或以下停驶、封路,能见度恢复500 m以上重新开放。

铁路运输车辆:能见度在300 m或以下改雾天航速,100 m或以下停驶、封路,能见度恢复500 m以上重新开放。

水上交通船舶:①客轮。能见度在200 m或以下有严重影响,100 m或以下停航。②航行。200 t以下:逆水航行能见度在50 m或以下时停航;顺水航行能见度在100 m或以下时停航。200 t以上:逆水航行能见度在50 m或以下时停航;顺水航行能见度在200 m或以下时停航。

怎样防御冰雪造成的陆地交通事故

(1)冬季来临前,要根据冰雪预报制定冰雪应急预案,防御冰雪造成交通事故。

（2）寒潮入侵后往往会大雪纷飞,造成积雪,加上气温低,道路上的积雪经汽车碾轧,会结冰打滑,驾驶人员、骑车人员和行人必须小心慢行,防止发生交通事故。

（3）冬季雪后,交通要道的积雪要及时扫除,也可撒工业盐等融雪剂促使积雪融化。

（4）车辆在积雪道路上行驶时,为防止打滑,车轮上应加防滑链,防御交通事故的发生。

（5）铁路、公路选线时要统计分析沿线的气象资料,线路尽量避开雪崩及暴雪严重的地区。

（6）入冬后,火车、汽车为保证安全,应合理计划调度,及时掌握沿线的天气预报,特别是暴雪出现时,应减慢行驶速度或暂停运行。

（7）雪天,驾驶员的可视距离因受雪的影响而缩短;雪后天晴时,由于积雪反射的光线强烈刺激驾驶员的视力,致使驾驶员产生视觉疲劳,双目畏光、流泪,甚至形成雪盲症,进而导致交通事故的发生。因此,冰雪天气下,驾驶员行车时间不宜太长,出行时戴上墨镜,行车过程中控制好车速。

（8）道路结冰封路温度指标。因道路结冰发生的汽车连环碰撞事故,每年冬天也常有发生。要不要封路？什么时间封路？在实际生活中,当温度降到$-2\sim-5$ ℃时,道路结冰,路滑,交通受阻。但是,关闭高速公路及其他道路的封路温度临界值T_c的确定,需要道路管理部门提供或由他们与气象部门共同研究确定。T_c定量服务（不同交通工具）的技术指标如下：

公交车辆、小客车:温度在$-2\sim-5$ ℃时实行减速,-6 ℃或以下时路滑必封路,并采取防滑措施（铲除道路冰雪、车辆安装防滑链等),化冰后重新开放,但要减速慢行。

货运车辆、大客车、校车、危险化工车辆(油罐车等):温度在－2～－5℃时实行减速,－6℃或以下时路滑必封路,并采取防滑措施(铲除道路冰雪、车辆安装防滑链等),化冰后重新开放,但要减速限速慢行。

高速车辆或高架桥(路)通行的一切车辆:温度在－2～－5℃时实行减速限速,－6℃或以下时路滑必封路,并采取防滑措施(铲除道路冰雪、车辆安装防滑链等),化冰后重新开放,但要减速限速慢行。

天气与陆地交通事故的严重性有何联系

假如,一辆旅游客车途经山区时遇到小雨,驾驶人员在山间的转弯处见有路险标牌,误认为前方已下暴雨,并有山体滑坡或泥石流产生,急刹车不当,造成人、车坠入路边的山沟,车毁人亡。还有,一辆旅游客车正行驶时,遇上特大暴雨,由于雨下得急且大,前方有视程障碍,正慢慢向前行驶时,忽听一声巨响,人、车埋入山体滑坡的泥石流中,造成车毁人亡。

以上实例说明天气与陆地交通事故的严重性有如下几点联系:

(1)极端天气发生交通事故的概率大于晴好天气。

(2)转折性极端天气和灾害性天气发生严重的交通事故有一定必然性;晴好一般天气发生重大交通事故,有偶然性及人为失误原因。

(3)转折性天气(例如突然性的狂风暴雨,每年的第一次大雾,第一次寒潮冰雪,道路结冰等)出现的交通事故比平时出现的交通事故多,并且比较严重。

气象条件对公路车辆行驶有何影响？怎样防御

1. 气象条件对公路车辆行驶的影响

(1)在气压低的高原和高山上,发动机的充气量低。海拔每升高100 m,充气系数降低3%～4%。充气量降低会导致混合气过浓,发动机过热,效率下降。发动机在海拔300 m处的效率只有海平面上的65%,到海拔4 000 m处只有海平面的52%。气压低时沸点低,水易沸腾,冷却效率下降,供油系统容易形成气阻。

(2)在炎热地区和炎热季节,发动机散热困难。机件过热,冷冻用水和蓄电池电解液消耗很快,汽油泵和输油管中的汽油蒸发加快,供油系统容易形成气阻,发动机功率下降。气温在30 ℃以上时,沥青路面软化、发黏,影响车速。

(3)低温时,挡风玻璃易结雾或霜,若无消雾、融霜设备,会导致车行滞缓甚至无法行驶。停止时如不把散热器、水泵、水管等装置内的水放净,则可能冻裂。在气温低于-18 ℃时,柴油需要加热才能流畅,而且牵引力比常温下要减小5%,如果温度降低到-28 ℃以下,牵引力会减小15%。

(4)积雪时行车容易发生交通事故。积雪达20 cm以上时不能通行,同时,潮湿地区机件容易锈蚀。大雾时,车辆行驶出现视障,这时也非常容易发生交通事故。干旱地区吹沙形成的沙丘可能埋没公路,沙尘容易使发动机损坏。强降水会对公路车辆行驶有影响,到一定极限时山区易出现山体滑坡、泥石流等现象,造成重特大交通事故。转折性天气出现的交通事故比平时出现的交通事故多,并且惨重。

2. 防御气象条件对公路车辆行驶影响的方法

(1)公路上出现积雪要及时清除,或在路上撒沙子或盐,既可吸收热量,加快融雪,又可增加路面摩擦,防滑。

(2)车辆在公路积雪时行驶,为防止打滑,应安装防滑链。

(3)车辆在公路上行驶,遇浓雾天气时要慢行或暂停行驶,避免发生交通事故。

(4)高温行驶时,刹车片易发热起火,要用水按时降温以防止车辆自燃。

(5)遇大暴雨天气时,应避免在山区行驶,防止遭遇山体滑坡、泥石流等现象。

(6)预防转折性天气中(例如突然性的狂风暴雨,每年的第一次大雾,第一次寒潮冰雪,形成道路结冰等)出现的交通事故。

(7)车辆在雨天行驶,安全是第一位的。下面是雨天行车的注意事项:

①初下雨时不要猛赶路。刚刚下雨时,轮胎的附着力是最低的。地面的泥沙还没被水冲洗干净,如润滑剂般将轮胎与地面隔离,车辆的制动距离明显增加。如果驾驶人员仍然加速赶路,左冲右撞,只会埋下安全隐患。

②不要随意停车,当心被撞。雨中视线不清,在不熟悉的高速路或环路上行驶,很容易忽视路牌、标志性建筑,错过出入口,导向偏道。遇到此类情况,建议继续行驶,寻找掉头机会回到正确道路,而不要临时停车或尝试倒车。

③对难判断的车道,不妨跟车行驶。雨中视线不好,路上到处是浅浅的"水塘",看不清甚至看不见白色的分道线,这时跟随前车是个值得推荐的办法。

④大雨天气行车时,开车宜五避:

一避"人"。下大雨时容易导致驾驶人员视野模糊,注意避开雨中的行人和骑车人。

二避"车"。雨中跟车、会车时,与车辆及道路边缘应适当加大安全距离。

三避"盲"。遇到下大暴雨,雨刮不能满足能见度要求时,不要冒险行驶,应选择安全地点停车,打开视廊灯,等待雨小后再行驶。

四避"水"。遇到积水路面先要观察水的深度,如果水漫车轴,则不宜继续行驶。在水漫区前,要注意与前面的车辆保持较大车距,对不熟悉的路面,要沿前车走过的路线行驶。

五避"失灵"。车辆行驶出漫水路面后,不能马上高速行驶,确认刹车等性能有效无误后方可行驶。

气象条件对铁路列车行驶有何影响?怎样防御

1. 气象条件对铁路列车行驶的影响

(1)干旱地区吹沙形成的沙丘可能埋没铁路,沙尘使发动机容易磨损。

(2)降雨太强,使列车司机视线不清,甚至看不到信号,路轨湿滑。

(3)一般来说积雪达 40 cm 时,对列车行驶就会造成影响。

(4)横向大风可能使行驶中的列车倾覆。如兰新铁路风口地区 1961 年至 1982 年大风吹翻列车达十多次。

2. 防御气象条件对铁路列车行驶影响的方法

(1)列车行驶中降雨太强,铁轨湿滑,列车要减慢速度,针对不同降雨强度的列车车速有限制:当日雨量达 50 mm 时,列车行驶就要减速;当 4 小时雨量超过 50 mm 时,列车要停驶。

(2)积雪对列车运行有影响。一般规定,积雪深度达到

40 cm 时，列车要减速；超过 50 cm 时，不清除积雪就无法行驶。根据沿途当地天气预报进行合理计划调度，如出现积雪，应减速行驶或暂停运行。

(3) 列车行驶时若遇到横向大风，为了避免列车倾覆，应立即停驶。按各地制定的安全风速标准决定是减速还是停驶，上海等地制定的安全风速标准是 22 m/s，若风速达 25～30 m/s 时要考虑停驶；新疆地区风口处当风速超过 32 m/s 时停驶。可以仿照计算建筑物风压那样计算列车的风压，也可以计算出造成列车翻车的临界风速。

(4) 根据沿途强降水预报，及时预防山体滑坡、泥石流对列车行使安全的影响，防御铁路交通事故的发生。

公路建设采取哪些措施防御陆地交通事故

公路建设规划、设计和选线时，要统计分析沿线的有关气象资料，公路线路要尽量避开强风区、山洪易发区、大雾区、雪崩严重区，以及强降水、泥石流、山体滑坡、冻胀、道路翻浆和积雪等易发区，在道路修筑过程中，对桥梁涵洞的设计要考虑汇水面积的大小及降雨量级和频率。

公路建设之前，必须进行气候可行性论证，以最大限度地避开气象灾害高发区，或提高多发区域的建设标准，从而减少或避免公路交通事故的发生，增强抗灾能力。

在公路建设规划时，要主要考虑以下几种因素的影响：

(1) 防御水灾。水灾是指暴雨、洪水对道路的阻塞或损坏。暴雨和洪水以及由其引发的泥石流和山体滑坡，都会阻塞或冲垮道路和桥梁。据统计，我国因暴雨、洪水冲毁公路干线或桥梁，致使交通中断的事件，平均每年在 100 起以上，水灾的主因是暴雨。在一定的地貌、地形、土壤、植被、河流等条件下,造成洪水、泥石流和山体滑坡等灾害。道路的规划和设计,必须有疏导水流、防御水灾的措施。桥梁和涵洞的孔径和排水系统要能容暴雨径流排出,路基不应被洪流冲毁或淹没。工程设计时,视其控制的汇流面积和重要性采取适当时段(从几分钟到几小时)的最大降水强度来设计,小、中、大桥分别取50年、100年、300年一遇的极值。道路主管部门会同气象部门曾研究过全国暴雨强度公式,根据各地不同时段和不同重现期的降水强度,用以计算小汇水面积上的暴雨径流过程,各地在进行公路设计时可用以作宏观控制。多雨地带山区道路两侧,应视地形、土壤、植被情况修建护坡,防止山体滑坡和泥石流。

(2) 防御土壤冻结时膨胀(冻胀),路面隆起和开裂或凹凸不平,路基和路轨凸起,甚至损坏。解冻时土壤和水分变成泥浆从裂缝挤出,即路面翻浆。在季节性冻土地带,公路的基础不应浅于冬季最大冻土深度。公路施工浇灌混凝土时要求气温不低于 4 ℃,铺设沥青时要求温度不低于 15 ℃。

(3) 防积雪、雪崩、吹雪使交通中断。我国西北、西南和东北山区冬季往往因为积雪、雪崩和吹雪使交通中断,1966年新疆一条公路因吹雪而致交通中断 6 个多月;同年特大雪崩使一条公路交通中断 4 个月。风速在 5 m/s 以上就会吹起雪粒,吹到风速减弱的地方堆积起来,形成雪堆。雪堆的长轴和风向正交。雪崩的发生与否,与积雪新旧(密度不同)、深度和地形坡度有关,有经验公式可以估计。例如,在天山,地形坡度为 30°时,16 cm 以上的新雪就有可能出现雪崩;积雪达 60 cm 以上很可能发生雪崩。公路建设选择线路时需要参考气候资料结合实地调查,使线路避开容易出现这些现象的地段。如果道路走向与吹雪的风向一致,雪害可能减轻。

(4)防雾。公路如必须穿过常有浓雾的谷地,可以建设高架线,使其在雾层上面通过,以进行防雾。

(5)防风蚀。风速大于35 m/s的时候,对路基侵蚀严重。对新疆一些"风区"和山口进行过实测,路基经3年风蚀后才达到稳定状态,在这样一些地段的路基要采取防风措施。

我国交通部门颁发了《中国公路自然区划图》,提供公路规划和设计的参照。区划分为3级,主要针对道路冻胀、翻浆和水害问题进行分区。分区的指标:

(1)以年平均气温-2 ℃线区分常年(永久)冻土带和季节性冻土带。此温度与东北地区多年平均最大冻土深度2.5 m相当。

(2)以1月平均气温0 ℃线区分季节性冻土带和无冻土地带。此温度与多年平均最大冻土深度0.15 m(东部)和0.20 m(西部)相当。

(3)以湿润度(年降水量与可能蒸发量的比)0.5和年降水量400 mm区分土基的干湿区。

(4)参考海拔高度1 000 m和3 000 m等值线来分区。这样,全国分为7个一级区。Ⅰ区是北半球北温带多年冻土区,路基要维持冻稳定性。Ⅱ区是温带东部地区季节性冻土区,主要问题是冻胀和翻浆,要注意融冻稳定性。Ⅲ区是黄土高原干湿过渡区,黄土易被暴雨冲蚀,或水浸陷落,要注意整体稳定性。Ⅳ区是东南湿热区,要注意排水,提高水稳定性。Ⅴ区是西南暖湿区,需注意维持土基的稳定性。Ⅵ区是西北干旱区,要维持干稳定性,防治风蚀和沙埋。Ⅶ区是青藏高寒区,应保证整体稳定性。

交通部门还制定了《沥青路面使用性能气候区划》。1级区要注意炎热使沥青融化的问题。根据7月平均最高气温,参考≥25 ℃的积温进行划分。2级区主要考虑路面干湿状况,根据降水量和中雨(日雨量10～25 mm)日数划分。3级区考虑路面可能遇到的低温,根据极端最低气温,结合负积温和冰冻指数进行划分,全国分为15个区。

铁路建设采取哪些措施防御陆地交通事故

铁路建设采取如下措施防御陆地交通事故:

(1)铁路在修建之前,必须进行气候可行性论证,以最大限度地避开气象灾害的高发区,或提高多发区域的建设标准,从而减少或避免铁路交通事故的发生,增强抗灾能力。

(2)在铁路(特别是高速铁路)建设选线时,要统计分析沿线的有关气象资料,铁路线路要尽量避开强风区、山洪易发区、吹雪和雪崩严重的地区及大雾易发区。在铁路修筑过程中,对桥梁涵洞的设计要考虑汇水面积的大小及暴雨量级和频率。桥梁和涵洞的孔径和排水系统要能容暴雨径流排出,路基不应被洪流冲毁或淹没。工程设计时,视其控制的汇流面积和重要性采取适当时段(几分钟到几小时)的最大降水强度来设计,小、中、大桥分别取50年、100年和300年一遇的极值。铁路主管部门会同气象部门曾研究过全国暴雨强度公式,根据各地不同时段和不同重现期的降水强度,用以计算小汇水面积上的暴雨径流过程。各地在进行铁路设计时可用以作宏观控制。多雨地带山区铁路两侧,应视地形、土壤、植被情况修建护坡,防止山体滑坡和泥石流。

(3)根据当地气象站冻土资料,设计铁路路基。土壤冻结时膨胀(冻胀),路基铁轨凸起,甚至损坏基础。在季节性冻土地带,铁路的基础设计不应浅于冬季最大冻土深度。

(4)在我国西北、东北山区冬季常因为积雪、雪崩、吹雪使铁路交通中断。积雪达 60 cm 以上可能发生雪崩。积雪可能阻碍铁轨道岔的合拢。如果铁路走向与吹雪的风向一致,雪害可能减轻。有些地方应设置阻挡吹雪的藩篱。

(5)尽量避开易出现大雾的地段,以避免交通事故的发生。

(6)高速铁路建设选线时,要避开容易出现雷电、冰雹、大风、泥石流、山体滑坡等的地方,避免对高速铁路的运行或路基、桥梁、电网等设施产生影响。

(7)铁路建设施工中铺设铁轨时,铁轨接头的缝隙要考虑到沿线的极端最高和极端最低气温,以防御热胀冷缩破坏轨道,造成铁路交通事故。

我国交警怎样"五招联动"防御高温天气造成道路交通事故

夏季闷热的高温天气影响交通参与者和驾驶员的神经活动,使交通参与者和驾驶员心烦意乱,反应迟钝,精力不集中,稍有不慎就会造成交通事故。另外,加上夏季夜间交通流量增加、学生出行增加、路旁街边夜宵排档增加、县乡公路晒物堆料和挖沟排供水现象增加、路旁街边特别是县乡公路沿线纳凉人群增加、气温高导致爆胎现象增加以及农业耕田机械上路行驶增加的特点,为了保护人民群众的生命和财产安全,各地交警大队要采取"五招联动"的措施,切实抓好高温天气道路交通事故的"防患于未然"工作。

一是做好夏季交通安全工作。交警大队根据夏季辖区道路通行的特点,有针对性地加强国、省道夜间交通景点(旅游景点)路段的管理,会同有关部门取缔占道经营、晒物堆料行为,清除路障,提高道路安全通行能力。同时,交警大队按有关危险点、多发事故点排查治理工作规范,针对夏季交通流量、流向和汛期交通特点,对本辖区危险路段和可能因高温、暴雨出现的滑坡、塌方路段进行重点排查、治理。为加强辖区道路事故预防工作,针对辖区交通安全形势,实实在在地分析辖区内交通事故的特点,找准事故原因,提高事故防御对策,并采取可行的管理措施,加大对重点路段、重点时段、重点车型、重点人群的管理力度。

二是深入宣传,开展"交通安全"教育,动员社会支持。各地要切实加强交通安全宣传教育,应充分利用广播、电视、报刊、互联网、微博、手机短信等媒体,集中宣传国务院国发〔2012〕30号文件的贯彻落实工作,突出宣传凌晨2:00—5:00高速公路长途客运车辆停止运行、夜间22:00—次日凌晨5:00渡运禁止航行、客运车辆夜间行驶速度不得超过日间限速的80%,采取发布广告、现场直播与新闻记者随警作战相结合等多种形式,集中报道严重违反交通规则行为的危害后果,并在单位、车站、广场、集镇等悬挂宣传横幅,展示宣传报道,张贴宣传标语,发放宣传单、资料等,形成宣传氛围和声势。努力做到社会各界广泛知晓,最大限度地争取社会各界和广大交通参与者的理解与支持。同时,各交警大队应向社会公布举报电话,鼓励群众监督举报无牌无证、酒驾、超速行驶、超车超员、疲劳驾驶等严重交通违法行为,大力整治交通违法行为,预防夏季交通事故的发生。

三是进一步加强道路交通秩序管控力度,严重打击涉牌涉证交通违法行为。加强对客运和危险品运输企业、运输工具、站场的源头管理和全程动态的安全监管,对检查出的管理不严、责任落实不到位等问题要下达整改通知书,限期整改到位。对道路安全标志标线和交通隔离设施不完善等隐患,要全面完成整改;要对高速公路、事故多发地段、危险路段开展拉网式排查。要进一步加大路面管控力度,严查各类交通违法行为,通过定岗、定人、定任务,科学合理安排警力,加强路面监控,扩大管理覆盖面;对7座以上客车、校车、旅游包车、危险品运输车实行"六必查",并将检查情况逐项登记,发现车辆有安全隐患的,要责令现场立即消除。要加强农村道路交通管理,进一步优化农村道路勤务制度,加强道路巡逻管控,每天巡逻时间不少于2个小时。对涉牌涉证违法行为实行"三不放过",即对发现的无牌无证、假牌、假证等违法行为坚决打击、查扣不放过,对被查获的违法行为不处罚不放过,对违法驾驶人不教育不放过。同时,对查处的涉牌涉证违法车辆和驾驶人,及时将违法信息录入违法系统,坚持发现一起,查处一起,顶格处理一起。要进一步延伸"酒驾"整治触角,严厉整治酒后驾驶摩托车、三轮汽车、低速载货汽车等严重交通违法行为,下大力气解决农村"酒驾"突出问题。

四是加强校车安全管理,整治严重违法行为不放松。教育、交通运输、公安、安监等部门要以贯彻实施《校车安全管理条例》为契机,结合学生在校遇到高温天气的实际,对学生接送车辆及其驾驶人进行严格检查并登记备案。对符合条件的,向有关部门提交相关营运手续、校车使用许可证和校车标牌、校车驾驶资格书面申请;对不符合条件的,要责令停止接送学生。要重点指导、督促中小学及幼儿园进一步完善接送学生车辆安全管理制度,严防接送学生车辆沿途私自揽客超员营运。对正在使用的接送学生车辆凡存在安全隐患、不符合接送学生要求的,一律责令停运整改;对接送学生车辆驾驶人凡不具备校车驾驶资质的,一律禁止驾驶接送学生。根据辖区交通形势和事故特点,实行错时、延时工作制,确定三个集中整治时段,即:6:00—8:00,12:00—14:00,18:00—22:00。为加强对重点路段、重点时段、重点车型、重点人群的管控力度,要严格落实"白天见警车,晚上见警灯"的勤务机制,确保24小时路面管理不失控。同时,将整治中心放在国道与省道以及县乡道路上,把从重打击客车超员、疲劳驾驶、酒后驾驶、超速、无牌无证机动车辆上路行驶作为日常交通秩序管理的重点,严厉查处严重交通违法行为,最大限度地消除道路交通安全隐患。

五是要深入开展道路安全检查,坚持快速、规范处理交通事故。道路安全检查的重点包括交通安全隐患排查整治情况、路面执法管理情况、落实交通安全管理服务站工作措施情况、查处营运车辆交通违法行为情况、长途客运班线监管情况、运输企业和驾驶人监管情况、农机安全管理情况等。要对高速公路、国道、省道和农村公路进行隐患排查和危险路段排查,特别是以客运班线所经道路为重点,全面排查和整治道路安全隐患。要制定和完善应急救援预案,主动参与救援工作,最大限度地减少交通事故损失。坚持24小时出警制度,切实做到出警快、处置快、恢复交通快,最大限度地减少人员伤亡和财产损失,坚决杜绝二次事故。同时,要求事故处理民警严格按照《道路交通事故处理程序规定》,使用不同程序处理不同交通事故,正确引导,规范办案,讲程序,重证据,坚决落实警民联系卡制度,推行阳光作业,严格执法,文明办案,公平、公正、公开地处理好每一起交通事故,切实维护受害人的合法权益。

多省交通部门联动怎样预防重特大、灾害性天气道路交通事故

为了最大限度地消除道路交通安全隐患,预防重特大交通事故发生,2009年7月3日安徽省淮北交通部门倡导的三省七市跨区域"淮海携手行动"正式启动,涉及河南的周口、商丘,安徽的淮北、宿州、亳州、阜阳,以及江苏的徐州。此次行动以公路节点及相通道路为主,确定超载车多发路段,每月同时在此路线上联合行动。此次行动以"保护路桥,关爱生命"为主题,以"严管重罚,卸货放行"为原则,综合运用行政、法律、经济等手段和技术措施,坚持源头治理与路面治理相结合,固定检测与流动稽查相结合,突出源头监管,强化路面执法,实行跨区域联合治理,在三省七市范围内形成信息共享、密切协作的无边界、无缝隙治超网络,严厉打击非法超限超载行为。

2009年9月6日,三省七市正式启动第二次"淮海携手行动",这次行动以G105、G310、G311、G206四条国道和安徽省省道S202、S308为重点,兼顾周边省际其他道路,组织执法队伍、执法车辆,实行固定加流动工作模式,采取24小时不间断路面治超。行动中,以"逢超必卸,重犯重罚"为原则,综合运用法律、行政、经济等手段和技术措施,对过往可疑超限车辆进行当场检测。不超限车辆就地放行;轻微超限车辆实行就近卸载后放行,对驾驶员(货主)进行当场超限违法运输危害性教育宣传;大型超限违法运输车辆当场查扣,依法按程序进行处理;对拒不配合检测、阻挠执法、暴力抗法的及时报请公安部门给予严厉打击。经过多点联合治理,治超节点路面超限车辆明显减少,特别是大型超限违法运输车辆得到

有效遏制。

2009年11月10日,三省七市联合开展治理车辆非法超限超载第三次"淮海携手行动"。11月10-12日为宣传发动阶段,七市公路和交通执法局(处)要充分利用多种媒体,采取各种有效形式,加强对车辆超限超载危害性和治理的必要性的宣传,最大限度地营造宣传氛围,争取社会各界的理解和支持;11月13—17日为集中行动阶段,行动以市为单位,各为一个联动组,各联动组配备执法人员不少于50人,执法车辆不少于10辆,其他设备、场地等各自根据需要自定,各联动组以各控制点为重点,采取24小时不间断方式工作制,确保控制到位;11月18—22日各联动组在重点控制线路上开展治超执法工作的同时,兼顾各自辖区周边其他道路,各自采取不定时不定点的突击行为,重点加强夜间的流动稽查力度,有效打击超限超载车辆绕行、闯岗、短途驳载等违法行为。

2011年4月10日至6月30日,安徽、江苏、浙江、山东四省交警部门联合开展预防重特大道路交通事故集中整治行动,最大限度地提升交通事故预防的针对性、时效性。通过集中整治,杜绝一次死亡10人以上的特大交通事故,遏制一次死亡5人以上的重大交通事故,力争一次死亡3人以上的交通事故明显减少。

这次区域性的集中整治,以高速公路、国道和主要省道为重点线路,严厉打击客车超员、货车超载、超速行驶、疲劳驾驶、酒后驾驶、高速公路违法停车上下客等严重交通违法行为;以客、货运车辆严重交通违法行为和其引发的重特大交通事故为重点,会同交通运输、安全监管等部门,加大对违法、肇事车辆所属企业的责任追究力度;以客、货运输企业为重点,会同交通运输、安全监管部门开展安全状况评估,对安全管理涣散、隐患严重的运输企业,督促限期整改;以农村公路和事故多发、临水、临崖、高路基路段以及险桥险段为重点,会同交通运输、安全监管等部门全面排查道路安全隐患,提请政府督促落实整改措施。

集中整改期间,四省交警部门采用区域异地调警、多警种联合作战、设立临时警务工作站等方式,每旬突出严查严处一种重点违法行为。同时,实施交通安全违法行为抄告制度,对客运、危险化学品运输车辆的违法行为依法处罚后,一律抄告车辆所在地公安交管部门通报所属企业,并督促整改;对客运、危险化学品运输企业的车辆和驾驶员,集中进行安全检查和资格审查,淘汰、清退一批安全技术状况达不到要求的车辆和安全意识差的驾驶员。

为进一步做好大风、强降温、雨雪、结冰和大雾等灾害性天气下的保安全、保畅通等服务工作,交通部门采取六项措施,加强安全防御。

一是提高安全认识,增强意识。为进一步做好灾害性天气下保安全、保畅通、保稳定工作,做到有备无患,万无一失,要求民警增强忧患意识,充分认识当时和未来交通安全形势,提高民警对做好灾害性天气交通安全管理工作重要性的认识,自觉增强使命感和责任感,坚决严防发生特大交通事故和交通堵塞现象,最大限度地减轻灾害性天气对道路交通安全的影响。

二是加强应对灾害性天气的组织领导,确保各工作措施落实到位,进一步严格落实一把手负责制和工作责任制,明确由大队领导坐镇指挥,负责全面工作,及时调度掌握辖区情况,由大队领导班子其他成员带队上路,深入一线,指挥协调,加强工作勤务落实情况和检查督导,不断提高路面的见警率和管事率,确保各项防范措施的落实,并做到道路安全隐患要早发现、早报告、早预警、早措施。在天气异常、时雨时雾、指挥难度较大时,领导要亲力亲为,既当指挥员又当战斗员,深入一线指挥交通,排堵疏导,引领行人车辆安全通行,预防灾害性天气下交通事故的发生。

三是加强管控,确保畅通。大雾天气要确保 2/3 的警力投入路面上,坚持白天巡逻和夜间监控相结合,明确重点执勤和路面巡逻时间,加大高速公路路面巡逻控管力度,该封路时要封路,及时指挥和疏导交通,查处各类交通违法行为,确保道路安全畅通,预防交通事故的发生。

四是加强协调,上下联动。要积极做好积雪、结冰安全防范工作,协调城管、城建、公路、交通运输部门提前准备铲雪、除冰机械和物质,确保恶劣天气下能及时采取有效措施,保障道路通行安全;协调交通部门装备必要的大型救援及破冰除雪装备于重点路段附近,做到消除冰雪快速、施救快速、恢复交通快速;协调气象部门及时发布气象信息,及时掌握天气预报、气象灾害预警、气候预测等信息,使交通秩序管理工作早安排、早行动,确保灾害性天气下的交通安全。

五是加强值班,注意防范。认真做好值班备勤工作,确保恶劣天气 24 小时有人值守班,确保警令畅通、信息畅通、通信畅通,信息反馈快捷,接处警及时,并做到当日情况当日上报和重大情况逐级上报等工作,确保值班备勤和安全防范工作落实到位。

六是加强宣传,营造氛围。认真做好安全宣传和提醒引导工作,通过广播、电视、互联网、报纸等媒体,以及手机短信、公共场所气象电子显示屏、车载气象显示屏等方式加强对灾害性天气的提前预报,及时发布各类信息,引导人们避免在雨雪、冰冻、大雾等灾害性天气出行；引导车辆避开拥堵和危险路段，防止交通事故发生；通过发放宣传提示卡、警车喊话等方式，进行安全提醒，提醒司机注意行车安全，减速慢行，严防交通事故发生。

"交通安全气象台"怎样为农村道路交通安全管理网络服务

1. 为什么要建设农村道路交通安全管理网络

随着社会主义新农村建设的不断深入，县乡村道路的通行能力大大提高。但是，县乡村道路交通安全呈现出来一些新的问题，成为制约农村道路交通安全的瓶颈：

(1)机动车、非机动车数量剧增。随着经济社会发展，农民群众因生产和生活需要，购车量在逐年增多，特别是购买摩托车、农用三轮车、电动车、变形拖拉机和低速载货汽车的数量在持续上升。农村无牌无证及漏检、报废车辆大量存在。机动车列管率低，并随着乡镇或山区的偏远呈递减趋势。而农村的拖拉机及摩托车驾驶人员相当一部分为无证驾驶，没有经过正规培训，不懂交通基本常识，往往造成交通事故。

(2)农民、农民工及城镇个体劳动者参与交通的意识较差，对交通安全方面的法律、法规知之甚少，交通安全意识淡薄，事故隐患较多。2008年以来发生死亡的道路交通事故中，发生在县乡、农村公路的占50%以上，农民、农民工、城镇个体劳动者占交通事故死亡总数的66.7%左右。

(3)农村道路设施不全。随着农村"村村通"不断延伸，现有的交通设施已经远远跟不上形势的发展，交通安全基础设施匮乏，道路基础条件差。

(4)交警力量严重不足。由于人员编制受限，用于农村道路的警力偏少,路面控防能力较差,很多山区、农村道路处于失控状态。

因此,建设农村道路交通安全管理网络是构建和谐社会的客观要求,是统筹城乡发展,推进社会主义新农村建设,全面落实科学发展观及关注民生、重视民生、保障民生、改善民生的重要工程。

2. 怎样建设农村道路交通安全管理网络

(1)加强农村道路交通安全组织体系建设。各级人民政府要把农村道路交通安全管理网络建设纳入政府绩效考核和社会治安综合治理工作,以"交通安全警钟长鸣,交通事故防患于未然"为原则,按照"政府领导、部门协作、社会联动、齐抓共管、综合治理"的总体要求,建立健全农村道路交通安全各级政府层层负责的工作机制。

县、乡级人民政府要完善道路交通安全工作联席会议制度,建立健全县、乡、村三级负责的农村道路交通安全管理网络,每季度召开一次会议,及时交流信息,通报工作落实情况,研究解决交通安全突出问题。

乡(镇)人民政府主要负责人作为本乡(镇)道路交通安全第一责任人,分管领导作为直接责任人,要切实履行职责,加强对农村道路交通安全工作的领导,每年纳入本届政府绩效年终考核,实行乡村交通安全"一票否决制"。

在交通流量较大、机动车保有量较多的重点行政村聘任专(兼)职交通协理员,协助交警开展乡、村道路交通安全管理工作,协助开展农村"五小车辆"注册登记和驾驶人办证工作。在有足够财政经费保障的前提下,保障专(兼)职交通协理员经费补助。

(2)实行"一村一警"工作机制。各县区政府可选择公路沿线部分行政村作为农村道路交通安全管理网络建设试点,再适时进行全面推动。试点村要提供必要的办公场所。

市公安局交警支队及县交警管理大队要依靠乡镇党委、政府的支持,联合乡镇相关职能部门,在农村道路交通安全管理网络试点村严格实行"一村一警"的勤务模式。

各辖区交警大队要根据所选择的试点村实际情况,制定"一村一警"工作实施方案,明确交警进农村的时间及工作任务和职责。

要完善机动车、驾驶人、交通违法登记、道路安全隐患排查登记等台账的建设。全面对试点村的驾驶人员、"五小"车辆、重点车型、道路状况、安全设施、安全隐患、交通事故等基础情况进行认真调查统计,建好各类基础台账。

(3)部门配合,齐抓共管,大力开展农村道路交通安全综合整治工作。要定期组织乡镇政府和公安(交警、派出所)、农机、交通、安监、建设、工商等部门,联合开展整治低速载货汽车、三轮车、拖拉机违法载人、骑摩托车不戴安全头盔、超员、超速、货车超限超载、无证驾驶、酒后驾驶、无证无牌及报废车辆上道路行驶等严重交通违法行为。

县(区)级政府要按照法律法规的规定,定期组织乡镇政府和公安、农机、交通、安监、建设、工商等部门,重点整治公路建筑控制区域违章建筑、骑路集市、打场晒粮和破坏道路设施等行为,清理农村城镇乱搭乱建、乱倒垃圾、堆放杂物和打场晒粮等行为,建立集中整治与长效管理机制,确保农村道路良好的安全通行条件。

交通部门要强化对农村客运的源头管理,严把客运市场准入关,加强对客运企业的监管,督促企业落实其主体责任。

农机部门要强化农机交通安全的源头管理工作,严把培训、考试、审验、发证和农机市场准入关,加强对上路行驶农机的监管,防止违法载客。

切实加强农村企业安全生产监管工作,重点强化危险品生产运输企业安全管理,遏制重特大道路交通事故发生,促进重点运输企业安全生产形势的稳定。

教育部门要加强农村中小学的道路交通安全教育和管理,加强对农村校车和学校租用车的管理,依法取缔"黑校车"。要探索建立政府主导、市场运作、管理规范的学生上下学接送车辆有效管理机制。

财政局、保险协会要大力支持农村道路交通安全管理网络建设工作,给予必要的支持和经费保障。

(4)多措并举,加大交通安全宣传教育力度。要坚持进村入户,以大力实施"文明交通行动计划"为契机,以开展交通安全"五进"(进农村、进社区、进单位、进学校、进家庭)宣传为载体,采取各种群众喜闻乐见的形式,广泛、深入、持久地宣传交通安全常识,逐步提高农民群众的交通安全意识,达到家喻户晓、人人理解支持、自觉遵守交通安全法规。

要充分发挥派出所、乡镇政府和村委会的作用,不断深化"交通安全村"创建活动。把道路交通安全相关禁止性规定列入村规民约,加强对农民群众的日常教育和行为约束。

要重点抓好对农村中、小学生的安全教育,将交通安全常识纳入教育计划,设置专门课程,使学生自幼养成良好的交通习惯。

(5)加强农村道路交通安全基础设施建设。各级政府及各相关部门在新建、改建农村公路建设项目时,要做到交通安全设施与主体工程同步设计、同步施工、同步验收。

要定期组织公安、交通、农机、安监等部门,加强对辖区内农村道路交通事故隐患的排查整治,及时制定整改方案,完善交通标志及标线,及时整治、排除隐患;落实"五整顿、三加强"(整顿驾驶员队伍、整顿路面行车秩序、整顿交通运输企业、整顿机动车生产和改装企业、整顿危险路段,加强道路交通安全责任制、加强交通安全宣传教育、加强道路交通执法检查)工作措施,建立规范化、系统化的农村道路安全管理网络。

县区级人民政府是本地区农村公路管理养护的责任主体,要按照分级管理的原则,切实抓好公路养护工作。

各地要大力扶持农村地区客运交通事业发展,认真规划并推进城乡公交一体化建设。

(6)加强考核,落实奖惩。安全监管部门要指导、协调和督促各有关部门落实农村道路交通安全管理责任,坚持按照"四不放过"的原则,严肃追究重特大交通事故的责任单位和责任人。

各级人民政府要建立健全农村道路交通安全工作督查制度,定期或不定期进行督查,并及时通报督查情况。

农村道路交通安全工作进行年终评比,对先进单位和个人进行奖励。

3. "交通安全气象台"怎样为农村道路交通安全管理网络服务

各地市气象局要专设"交通安全气象台",采取多种服务方式为地方交通安全和农村道路交通安全管理网络进行综合服务。

(1)通常采用的服务方式有:

①利用"农业气象服务网",每天早上7点发布农村交通安全常规天气预报。利用"农村气象灾害防御体系网"及时发布农村道路安全天气预报。

②转折性、极端天气交通安全预报,按时传递给当地公安交通事故预防指导科邮箱,并由交警支队科技科通过电脑电信平台及时发给各个特殊驾驶员(校车、旅游车、危险化工品车、公交车、出租车及农村机动车驾驶员)。

③通过手机短信发布农村交通安全天气预报。

④在高速公路路口安装气象电子显示屏,在特殊车内(校车、旅游车、危险化工品车、大客车、出租车、私家车等)安装车载气象电子显示屏。

⑤出租车上安装GPS,开展恶劣天气提醒业务。

⑥农村危险路口、交通事故多发地点安装广播,进行交通安全气象服务。

(2)为农村道路交通安全管理网络提供常规、转折性、极端天气预报服务和恶劣天气的防御指挥预案:

①每天发布结合农村道路实际的交通安全气象预报。

②酌情及时发布转折性天气的交通安全气象预报。

③及时发布极端恶劣天气(冰雪、大雾、暴雨雪、连阴雨等)的交通安全气象预报。

④积极参与及制作城乡道路交通安全防御极端恶劣天气的指挥预案。

(3)为交通建设工程提供气候可行性论证、气象对交通安全影响风险评估及交通专题气象服务:

①根据当地气象历史资料对农村道路交通安全管理网络的建设工程,按规定进行气候可行性论证。

②对多雾区、事故多发地带、危险地带受气候影响的交通安全进行风险评估。

③为城乡道路修改工程和交通项目进行专题细化性气象服务。

(4)管理和安装车载气象显示屏和重要天气交通安全语音提示警报：

①负责管理和安装高速公路路口气象电子显示屏,在特殊车(校车、旅游车、危险化工品车、公交车、客运车等)内安装车载气象显示屏。

②管理和安装出租车上 GPS 恶劣天气提醒业务。

(5)专业交通安全气象预报及如何避免交通事故：

①从交通安全的角度出发,制作好专业交通安全气象预报。

②研究利用交通安全气象预报,如何避免交通事故发生的经验教训,向交通安全气象预报准确、及时、精细化上快速发展。

(6)探索气候变化对交通安全的影响,发掘交通事故潜在规律,查找气象与交通安全的联系,提出相关的解决措施,当好参谋：

①进一步探索气候变化对交通安全的影响,增强气象灾害天气预报预警能力,发掘预防交通事故潜在规律。

②深入查找气象影响交通安全联系环节,提出相关的解决措施和办法,不断总结这方面的经验和教训,准确无误地为预防交通事故提供科学指挥决策依据。

(7)向各级政府定期通报因气象因素造成的交通事故案例,便于政府领导和监督：

①定期向政府部门汇报因气象因素造成的交通事故案例,经常汇报转折性、极端天气预报,便于政府部门及时了解交通安全情况。

②在恶劣天气的防御指挥预案中,提出如何避免或减少交通事故发生的建议方法和措施,为政府部门指挥预案提出

建议。

(8)按期进行气象与交通安全知识讲课和宣传:

①按照与驾校间的合同定期进行气象与交通安全知识培训,使气象与交通安全知识成为每个驾驶员在学习驾驶技术过程中的必修课。

②定期培训农村道路交通安全管理网络中各村的"交通安全协理员",使他们成为农村交通安全的宣传员。

③负责解释来电、来访中关于气象与交通安全知识的问题。

④出具交通事故的气象证明材料,作为保险理赔依据。

(9)联合气象科普馆成立交通安全教育基地:

①在气象科普馆开办中、小学生的交通安全教育基地,使青少年提前接受教育,早日成为文明交通的使者。

②气象科普馆开办违章驾驶员的交通安全教育基地,公安交警部门把经常违规的驾驶员聚集在这里举办交通安全教育学习班。"交通安全气象台"负责气象与交通安全知识讲座,通过培训班学习,提高交通驾驶员安全意识,使他们真正懂得"交通安全警钟长鸣,交通事故防患于未然"的道理。